L'épuration sauvage
en Normandie
1943-1946

YVES LECOUTURIER

L'ÉPURATION SAUVAGE
EN NORMANDIE

1943-1946

Éditions HEIMDAL

Copyright Heimdal 2020 pour la 1ʳᵉ édition. Copyright Heimdal 2021 pour la présente édition. La loi du 11 mars 1957 n'autorisant, aux termes des alinéas 2 et 3 de l'article 4, d'une part, que les «copies ou reproductions strictement réservées à l'usage privé du copiste et non destinées à une utilisation collective» et, d'autre part, que les analyses et les courtes citations dans un but d'exemple et d'illustration, «toute reproduction ou représentation intégrale, ou partielle, faite sans le consentement de l'auteur ou de ses ayants droit ou ayants cause, est illicite. Cette représentation, par quelque procédé que ce soit, constituerait donc une contrefaçon sanctionnée par les articles 425 et suivants du code pénal.

*On sait que l'épuration, quand elle frappe en haut,
correspond à un changement de la classe dirigeante ;
quand elle frappe en bas, elle se manifeste par des
règlements de comptes de l'ordre individuel.*

Georges Duhamel, *Manuel du protestataire*, 1952.

Introduction

L'épuration sauvage, selon l'expression de Philippe Bourdrel, est une forme d'épuration sommaire ou extrajudiciaire qui se déroule en dehors de toute légalité, à l'initiative d'une personne ou plus souvent d'un groupe. Effectuée de manière spontanée ou préméditée, elle précède ou accompagne l'épuration officielle. Cette forme de loi du Talion est le plus souvent une exécution sommaire, mais il arrive que cette exécution soit précédée d'un jugement tout autant sommaire. Mais ce sont aussi des représailles contre telle ou untel, l'exemple le plus spectaculaire étant la tonte de la chevelure de jeunes filles ou de femmes s'étant compromises ou non avec des Allemands. L'historien américain Peter Novick utilise l'expression «*justice au coin du bois*». Cette forme d'épuration était parfois encouragée par certains résistants. Dans son édition du 15 mars 1944, le journal clandestin *Défense de la France* publiait un article de son directeur : «*Tue l'Allemand pour purifier notre terre, tue-le car il nous tue pour être libre. Tue les traîtres, tue ceux qui dénoncent, ceux qui ont aidé l'ennemi. Tue le policier qui d'une manière ou d'une autre a participé à l'arrestation de patriotes. Tue les miliciens, extermine-les, car ils ont délibérément choisi la voie de la trahison. Abats-les comme des chiens enragés... Détruis-les comme des vermines* ». Nombre de résistants ne pensaient pas autrement, y compris dans un mouvement modéré comme l'OCM qui écrivait, dans ses *Cahiers,* en juin 1942 : « *l'exécution, même sans procès, d'un petit nombre d'individus – les vedettes de la trahison – peut être considérée comme une opération de police nécessaire. Certes il n'est pas impossible que des éléments incontrôlés aient recours à cette procédure. Mais il incombe aux autorités de démontrer leur capacité à maintenir l'ordre en limitant sévèrement le recours à des procédés sommaires et en déférant les coupables devant les juridictions organisées* ». Sur *Radio-Londres,* Pierre Dac chantait sur l'air de *Ah ça ira* :

> *Amis chantons avec ferveur*
> *Le chanvre purificateur*
> *Tressons-le en cadence*
> *Car il en faudra bientôt*
> *Pour suspendre à la potence*
> *Les traîtres et les salauds*

Tenant de la légalité républicaine, le général de Gaulle s'opposait à toute exécution sommaire. Pour ce faire, les FFI, organisés et placés sous les ordres du général Koenig, étaient chargés du maintien de l'ordre et devaient maîtriser les comités locaux, cantonaux et départementaux de libération. Mais dans un pays où beaucoup de choses étaient à reconstruire, il ne fut pas possible d'empêcher une épuration extrajudiciaire, il fut seulement possible de la limiter. Certains profitaient du vide judiciaire pendant les quelques mois qui suivirent la Libération pour régler leurs comptes. Ils appliquaient à leur manière l'ordonnance du 3 mars 1944 qui prévoyait l'exécution par fusillades de ceux coupables de crimes contre la sûreté de l'État sans se soucier si un tribunal militaire existait. En outre, avec la Libération, les exécutions font partie d'une grande revanche patriotique. Les premières exécutions sont avant tout punitives alors qu'après la Libération elles devenaient des correctifs à l'épuration légale. Les collaborateurs, les dénonciateurs et les trafiquants du marché noir sont en général identifiés après avoir été parfois dénoncés sur *Radio-Londres*, ce qui toutefois n'exclut pas les méprises.

Le Gouvernement Provisoire de la République Française met en œuvre, en quelques mois, une épuration légale, mais certains trouvent qu'elle ne va pas assez vite et la réalisent eux-mêmes. L'état-major des FFI de Normandie demandait à ses troupes de la retenue lors des arrestations de collaborateurs: «*s'il y a lieu de se montrer ferme, il faut rester cependant correct et humain. Il faut aussi agir discrètement, ne pas se ravaler, en l'occurrence, à l'égal de nos tortionnaires du jour*». Les enquêtes réalisées par le comité d'histoire de la Seconde Guerre mondiale recensent une centaine d'exécutions sommaires en Normandie, ce qui est modéré: 12 dans le Calvados, 61 dans l'Eure, 46 dans l'Orne et 12 en Seine-Maritime. Selon ces mêmes sources, environ 2400 auraient été exécutées en France par la Résistance avant le débarquement du 6 juin 1944 et environ 5000 en 1944-1945. Loin des exagérations d'une extrême-droite, nostalgique de Vichy, qui avançait le chiffre de 100 000 morts, mais s'appuyant sur les enquêtes du Comité d'histoire de la Seconde Guerre mondiale, puis de l'Institut d'histoire du temps présent, Henry Rousso propose un chiffre entre 8 000 et 9 000 exécutions extrajudiciaires dont les trois quarts effectuées avant l'été 1944. La répartition de ces exécutions demeure inégale sur le territoire français avec une dominante dans l'ancienne zone non occupée. L'épuration sommaire, parfois sauvage, est le dernier acte de cette guerre franco-française enclenchée en juin 1940.

Avec une petite centaine d'exécutions extrajudiciaires, la Normandie apparaît cependant modérée dans ce domaine. François Coulet, commissaire de la République pendant trois mois, apprécie cette situation normande : « *Contraste avec la Corse : à part quelques exceptions, les Normands ne firent preuve d'aucun esprit de vengeance à l'égard de ceux de leurs compatriotes qui avaient « collaboré ». Il est vrai que la plupart de ces derniers, sentant de quel côté soufflait le vent de la victoire, avaient rejoint les Allemands en retraite* ». Dans une étude de 1986, Marcel Baudot démontre une certaine corrélation entre la répression allemande de la Résistance et l'épuration sauvage. Il s'appuie sur la situation de la Manche : « *le taux le plus faible pour la répression allemande est celui de la Manche 0,58, mais celui des exécutions du fait de la Résistance est lui aussi le plus minime de France, 0,006 pour 1 000* ».

1.
Les femmes tondues

Selon Fabrice Virgili, environ 20 000 femmes sont tondues entre 1943 et 1946, dont la moitié était coupable de collaboration horizontale. Le processus se déroule souvent ainsi : la femme est tondue en public sous les cris et les vociférations. Elle peut s'estimer heureuse que cela se termine là, mais dans certains cas, l'humiliation perdure : elle est promenée en public après avoir été partiellement dénudée et avec une pancarte autour du cou mentionnant « *j'ai couché avec un Boche* ». La femme est une victime expiatoire facile pour de nombreux hommes. Fabrice Virgili et François Rouquet soulignent : « *Alors qu'une relation sexuelle était sans effet aucun sur le cours de la guerre, elle était très largement perçue comme une authentique trahison, en ce qu'elle signifiait un renoncement à la victoire, mais également une forme d'aveu : l'acceptation de l'Europe nazie.* » Ces séances de tonte se déroulent aussi bien en ville qu'à la campagne. Comme le note Henry Rousso, ce fut « *l'un des épisodes les plus dramatiques de cette épuration extrajudiciaire* ». Cet historien tente cette explication : cette pratique remonterait à « *une tradition ancestrale, celle de la femme adultère jadis exposée et promenée dans les rues de la ville, souvent sur un cheval ou sur un âne* ».

Ils ne furent pas nombreux à oser à l'époque élever la voix pour combattre ce « *carnaval moche* », selon l'expression d'Alain Brossat, à l'image de Paul Éluard dans son poème écrit en 1944, *Au rendez-vous allemand*.

En ce temps-là
Pour ne pas châtier les coupables
On maltraitait les filles
On allait même jusqu'à
Les tondre

Comprenne qui voudra
Moi mon remords ce fut
La malheureuse qui resta
Sur le pavé
La victime raisonnable
À la robe déchirée

Au regard d'enfant perdue
Découronnée défigurée
Celle qui ressemble aux morts
Qui sont morts pour être aimés

Une fille faite pour un bouquet
Et couverte
Du noir crachat des ténèbres
Une fille galante

Comme une aurore de premier mai
La plus aimable bête

Souillée et qui n'a pas compris
Qu'elle est souillée
Une bête prise au piège
Des amateurs de beauté

Et ma mère la femme
Voudrait bien dorloter
Cette image idéale
De son malheur sur terre.

Quelques exemples sont notés en France dès 1943, mais c'est surtout à la Libération et dans les mois qui la suivent que la tonte des femmes s'active. Ce triste spectacle s'est également déroulé en Normandie. Âgé de 16 ans, Jean-Jacques Antier demeure si marqué par la tonte de femmes le 31 août 1944 sur la place de l'Hôtel de ville de Rouen qu'il en consacre un chapitre de son livre *La fille du carillonneur* (Presses de la cité 2009). Gontran Pailhès est également témoin de ces scènes rouennaises : « *dès le matin, le joyeux coiffeur de la rue d'Orbec donne de la tondeuse dans la toison des femmes indignes, dont le crâne sera marqué d'une croix gammée indélébile, avant d'être relâchées dans le public. Le spectacle n'est pas joli, joli, mais procède probablement d'un mot d'ordre général, puisque les mêmes brimades se sont reproduites dans toutes les villes et villages de France* ». Pour le département de la Manche, Michel Boivin a recensé la plupart des cas entre l'été 1944 et la fin de l'été 1945. Il montre que ce phénomène atteint aussi les villes, Avranches, Carentan, Cherbourg, Coutances, Saint-Lô, Picauville, Pontorson, Tourlaville,

Villedieu-les-Poêles, Valognes, mais aussi des bourgs et de petites communes rurales ou littorales comme Blainville-sur-mer, Carolles, La Colombe, Courtils, Ducey, Genêts, La Haye-du-Puits, Saint-Martin-le-Gréard, Saint-Pair-sur-mer, Sartilly, Sottevast, Tessy-sur-Vire ou Trelly. Le 14 juillet 1944, une douzaine de femmes sont tondues devant la foule avant d'être promenées au son du tambour dans les rues de Cherbourg, installées dans la benne d'un camion rebaptisé «*char des collaboratrices*». Quelques jours auparavant, des inspecteurs de police avaient réussi à protéger trois jeunes filles menacées d'une tonte par une centaine de personnes. À Carentan, des résistants attendent le jour du marché pour tondre une dizaine de femmes. Le 16 août 1944, deux femmes de Tessy-sur-Vire sont emmenées dans la halle où on leur coupe les cheveux ; elles sont ensuite exposées à la population, marquées d'une croix gammée sur le front. En novembre 1944, des résistants saint-lois, regrettant «*la lenteur de la justice*», entreprennent une chasse aux collaboratrices : trois femmes, habitant rue Saint-Georges, sont prises et tondues devant environ 250 personnes. À Villedieu-les-Poêles, le chef local de la résistance appelle à «*faire raser toutes les poules à Boches*» : en est victime une femme de ménage qui avait eu la mauvaise idée de travailler à la *Kommandantur*! Un rapport des renseignements généraux du 14 juillet 1944 signale l'attitude responsable d'habitants de Sainte-Croix-Hague qui dissuadent des jeunes gens de tondre les cheveux de quelques femmes. 500 personnes assistent à la tonte de femmes de Dives-sur-mer et de Cabourg. Une femme de Fermanville est tondue à la suite d'une dénonciation d'une voisine : le motif n'est nullement une relation quelconque avec les Allemands, mais une simple jalousie de voisinage.

Une photo prise le 6 juillet 1944, sans doute par un soldat américain, montre l'institutrice d'un village sis près de Sainte-Mère-Église : elle est sortie tondue de la mairie pour être présentée aux habitants ; elle est une des trois femmes tondues dans ce village du Cotentin.

Dans certains cas, le traumatisme est violent pour celle qui a subi la tonte. *L'Eure libérée,* dans son numéro du 14 décembre 1944, cite l'exemple d'une blanchisseuse de Bernay. Le directeur de l'hôpital parle d'un « *état de nervosité constante* ». Convoquée quatre mois après les faits devant la chambre civique, elle « *sanglote sans arrêt et un tremblement convulsif secoue son maigre corps* ». Les tondues sont rarement justiciables ; sitôt l'humiliation subie, elles rejoignent leur domicile et attendent quelque temps avant de ressortir. Michel Boivin cite le cas d'une jeune tondue qui, le 4 août 1944, se cache dans l'hôtel des Bains de Saint-Pair-sur-mer et n'en sort que deux mois plus tard. Il arrive que certaines évitent cette humiliation même si les accusations proférées sont violentes. Un rapport de la justice de paix de Saint-Lô rapporte qu'une jeune femme de Sainte-Croix de Saint-Lô est accusée d'être « *une poule à boche comme sa fille, du fumier, de la puanteur* ».

Dans l'Orne, on tond tout autant. Le 16 août 1944, à Écouché, trois femmes sont tondues dans un bâtiment public. Adolescent, Bernard Gourbin assiste à une scène de genre à La Ferté-Macé : « *sur les marches de l'hôtel de ville, une poignée d'exaltés, plusieurs porteurs du brassard FFI, tondaient des femmes soupçonnées d'avoir « collaboré » – « couché » seulement pour certaines – soupçons renforcés par la croix gammée dessinée sur le front. Je ne mêlais pas ma voix à celle des aboyeurs, je regardais seulement* ». À Flers, une vingtaine de femmes subissent la tonte entre le 17 et le 25 août. Un rapport d'un groupe de résistants ornais raconte : « *Le 26 août 1944, en collaboration avec les groupes de Ségrie-Fontaine, Berjou et la gendarmerie de Pont d'Ouilly, tonsure de 22 poules à Boches à la grande joie de la population civile et des armées alliées.* » C'est ce que Alain Brossat appelle « le carnaval moche ».

Quelques résistants gardent une attitude civique à l'exemple de ceux de Glanville (Calvados) qui convoquent en août 1944 quelques femmes « *dont la conduite vis-à-vis des Allemands choquait la morale* ». L'une d'entre elles « *qui a deux enfants depuis la captivité de son mari. En même temps, mauvaise mère, ce qui a justifié sa convocation pour tenter de lui faire prendre une meilleure attitude pour ses enfants* ». Les résistants lui demandent donc de mieux se conduire à l'avenir sans exercer sur elle de violences corporelles.

Libérée le 24 août 1944, Honfleur connaît son épisode de tonte des femmes. Pierre Boiteau cite le témoignage d'une honfleuraise, Mme Chegaray : « *on rase la tête de toutes ces femmes et la foule est très excitée. Tout le long de la rue de Dauphin, et sur le cours de la République, la foule est dense. Il doit y avoir à quinze heures un défilé de femmes tondues : certains sont enchantés, d'autres ont l'air choqué ou dégoûté. On en amène constamment. Elles passent entre deux FFI, blanches et effrayées. La foule crie à chaque fois. Mais à dix-sept heures, le défilé est supprimé, car toutes les femmes ne sont pas arrivées. En réalité, c'est parce que les FFI ont peur de ne pas pouvoir maintenir la foule.* » Le responsable FFI préfère interner les sept ou huit jeunes filles dans une ville de la Croix-Rouge, ce qui n'empêche pas le viol de l'une d'entre elles par un des gardiens épurateurs. Malgré les excuses du chef FFI, le mal est fait. Deux FFI sont radiés pour «*fautes graves en service*».

Le comité départemental de libération de l'Orne reconnaît un cas de tonte injustifié. Une institutrice a les cheveux coupés en public : «*l'on m'a fait faire le tour de la ville afin que tout le monde me voie bien*». Son seul forfait est d'avoir bu du champagne avec une secrétaire allemande. Á la rentrée scolaire 1945, elle est surnommée «la boche» par les enfants et, sur 41 élèves, seuls 17 sont présents. 6 conseillers municipaux et 17 habitants signent une pétition contre elle. En revanche, une dénonciatrice est durement malmenée dans sa commune qu'elle traverse sous les coups et les crachats avant de lui couper les cheveux.

Les expéditions menées par quelques individus, les 7 et 8 mai 1945 à Cabourg et à Dives-sur-mer, ressemblent à des cérémonies expiatoires : l'Allemagne est définitivement défaite, mais certains, considérant que l'épuration n'a pas répondu à leurs attentes, décident de passer à l'acte. Un couple, qui venait d'être légèrement condamné par la cour de justice du Calvados, revenait effectuer son déménagement. Un petit groupe de cinq ou six personnes les surprend et les conduit au commissariat de police. Le commissaire conseille au couple de partir au plus vite, mais celui-ci tente de revenir à son domicile : «*arrivés à la hauteur du salon de coiffure, ils furent poussés à l'intérieur du magasin où on leur coupe les cheveux*». Le lendemain 8 mai, tout à la joie de la capitulation de l'Allemagne, «*sous l'impulsion de jeunes extrémistes et de femmes exaltées, un courant de personnes se dirigea vers la rue des Bottes où demeure une femme de nationalité polonaise, inculpée d'atteinte à la sûreté extérieure de l'État, acquittée par la cour de justice. Ses cheveux furent coupés et des croix gammées rouges tracées sur son crâne. Deux autres femmes dans la même rue subirent le même sort »*. Ces trois femmes sont ensuite promenées par un cortège, qui grossit au fil de son déplacement ; un tailleur de pierre est roué de coups et doit suivre nu-pieds tandis qu'une épicière subit la tonte. Devant une foule de deux cents personnes, le directeur de l'usine électrométallurgique est giflé : intégré au cortège, il est contraint *« d'embrasser les marches du monument aux morts »*. L'humiliante promenade des six personnes s'interrompt à la suite de l'intervention du commissaire de police qui les garde au commissariat pendant la nuit. Alors que l'expédition divaise se terminait, une autre débutait à Cabourg avec le vol de 46 000 francs dans un café, puis chez un maraîcher ; suivis par une centaine de personnes, les manifestants brisent les vitres de deux épiceries avant de procéder à une tonte dans un salon de coiffure. L'intervention des gendarmes et des agents de police met fin à cette manifestation.

La tentative de tonte est parfois tardive. Le 22 juin 1945, une jeune femme, accusée d'avoir eu des relations avec l'ennemi, est acquittée par la cour de justice d'Avranches. Quelques jours plus tard, alors qu'elle passe devant un café de Coutances, un commis boucher se rue sur elle avec une paire de ciseaux, mais celle-ci se défend avec ardeur avant de tomber en pleine crise de nerfs.

Plus rares sont les cas d'hommes tondus. Au moins deux sont attestés dans la Manche : à Coutances, le 25 juin 1944, un travailleur volontaire en Allemagne est tondu sur le parvis de la cathédrale et à Tessy-sur-Vire le 16 août 1944 où un homme est exposé une heure trente en public.

La frénésie de la Libération passée, il arrive que l'on demande des comptes à ceux qui ont participé à des tontes. *Le Patriote de l'Eure,* dans son numéro du 28 juillet 1945, expose le cas d'un boulanger qui fut «*le coiffeur volontaire et bénévole*» d'une tonte dans une commune voisine : il est condamné à 500 francs d'amende. Mais très rares sont les tondeurs inquiétés.

Chef des FFI de l'Eure, mais aussi historien, Marcel Baudot pense que les tontes ont permis de «*canaliser pour une bonne part les passions de colère accumulées par des années de souffrance et de trahisons ; elles ont contribué aussi à détourner l'attention de l'enjeu véritable de l'épuration, que précisément beaucoup de collaborateurs de poids et des trafiquants de toute sorte ont pu traverser dans des conditions somme toute confortables*».

2.
Le Calvados

À la fin de l'année 1942 est implantée une antenne du *Sipo-SD* à Caen, Meier et Heyns en étant les responsables. Peu nombreux, les nazis s'entourent de collaborateurs et de dénonciateurs chargés de leur apporter des renseignements concernant les résistants et les réfractaires au STO, puis de les arrêter. Les plus actifs sont dirigés au sein du Centre d'Information et de Renseignement par Raoul Hervé. Les plus dangereux sont repérés et certains résistants tentent de les éliminer.

Les premières attaques

Le 13 février 1943, un élève du lycée Malherbe de Caen, escorté de deux camarades, Jacques Sabine et Pierre Briant, s'approchait du domicile du secrétaire fédéral du PPF Adolphe Villain, répétiteur dans cet établissement : alors que leur intention était de déposer une lettre de menaces dans sa boîte aux lettres, Jean Lunois, membre du Front patriotique de la Jeunesse, organisation des jeunes du Front National, tirait une balle de revolver à travers la fenêtre. Villain n'est pas touché, mais les trois jeunes lycéens étaient arrêtés et déportés. Jacques Sabine décédait le 18 août 1944 à la prison de Breslau et Pierre Briant le 31 mai 1945, à l'hôpital de Tauwald, où il avait été admis très affaibli après sa libération. Jean Lunois survit aux différents camps où il était déporté et rentrait en France en mai 1945.

En mai 1943, celui qui montait la garde devant la permanence de la LVF, sise au 140 rue Saint-Jean de Caen, était visé par un coup de feu qui ne l'atteint pas.

Ancien membre actif des Croix-de-Feu, Gabriel Locquet, préparateur en pharmacie de Touques, appartenait au RNP ; circulant à bicyclette le 1er septembre 1943, sur une route entre Deauville et Trouville, dans une descente près de Vauville, il heurtait un fil de fer tendu en travers de la route à hauteur de sa gorge, chutait et se tuait. Les cinq auteurs de cet attentat, membres du réseau Buckmaster Jean-Marie, disparaissaient dans la nature.

Louis Laplanche

Le 4 septembre 1943 en fin d'après-midi, Louis Laplanche, responsable de la section RNP de Trouville-Deauville, était victime d'un attentat : une mine allemande dérobée sur un chantier du mur de l'Atlantique, sur la plage de Pennedepie, avait été placée à l'entrée de sa propriété sise chemin du Hautbois à Touques. Le contact de la roue avant gauche provoquait une violente explosion qui pulvérisait le moteur. L'automobile complètement disloquée était projetée sur un talus situé à quelques mètres. La mine avait provoqué un entonnoir de 60 cm de profondeur sur un mètre de diamètre. Laplanche s'en sortait avec une forte commotion, quelques éraflures au visage et des coupures aux doigts. Comme le rapportait *L'Avenir de Trouville-Deauville*, «*Par un hasard miraculeux, son propriétaire, qui avait été violemment jeté à terre par la déflagration, s'en tirait avec une forte commotion et quelques blessures sans gravité.*» Laplanche avait déjà reçu des lettres anonymes de menace, mais deux jours après l'attentat manqué, il en reçoit une autre : «*Laplanche, loupé une fois, nous vous prévenons que si vous ne cessez pas immédiatement toute activité contre les patriotes ainsi que toutes poursuites et dénonciations, aussitôt nous mettrons tous les moyens d'action qui sont nombreux et efficaces, mines, poison, etc. Afin que vous n'ayez plus l'occasion de nuire à notre travail de libération de la France*».

Laplanche dirigeait une entreprise de transport travaillant largement avec l'occupant allemand et il exploitait, avec sa femme d'origine luxembourgeoise, l'hôtel du Parc à Trouville-sur-mer où trônaient les portraits de Pétain et de Hitler. Louis Laplanche, ancien membre des Croix-de-Feu, avait adhéré au Rassemblement National Populaire en 1941 et réussissait à enrôler une centaine d'adhérents dans son secteur au début de l'année 1943 : «*Mes fonctions consistaient à entretenir une coordination entre les membres, à leur donner les tracts et journaux à distribuer, à percevoir l'argent des nouvelles adhésions, s'il y en avait, et celui des cotisations, en résumé, à servir d'intermédiaire entre le chef régional et les membres de la section. Les réunions mensuelles eurent lieu une fois chez moi, les autres au siège du RNP boulevard Fernand Moureaux* ». Marguerite Laplanche était très liée aux Allemands que ceux-ci appellent « Mutti ». Ses liens avec le *Sipo-SD*, renforcés par sa pratique de la langue allemande, lui permettaient de faire arrêter les deux résistants responsables de l'attentat, Henri Dobert et René Capron : ils étaient fusillés le 9 décembre au camp du Madrillet à Rouen. Roger Houlbrèque, qui avait également participé à la préparation de l'attentat, passait à travers.

Jean Quellien souligne que « *rendu enragé par cet évènement, il versera dans une collaboration exacerbée.* » Arrêté avec son épouse le 14 septembre 1944 à Taillebois (Orne), Louis Laplanche, après un court passage au camp d'internement de Sully, était incarcéré à la prison de Pont-l'Évêque. Seule Marguerite Laplanche passait en Cour de justice le 8 avril 1946, son mari étant décédé en prison le 12 mars précédent.

Fernand Margueritte

Médaillé de la Grande guerre, ancien ouvrier des hauts fourneaux de Mondeville, conseiller municipal, puis adjoint au maire de Saint-Charles-de-Percy où il est installé depuis 1929 dans une ferme, Fernand Margueritte avait appartenu au parti communiste avant de rejoindre les Croix-de-Feu dont il devenait secrétaire de groupement, puis le Parti Populaire Français de l'ancien communiste Jacques Doriot et le groupe Collaboration. Dans une lettre au préfet du Calvados, en date du 1er septembre 1941, il expliquait son choix : « *Lorsque les troupes allemandes ont été cantonnées dans la région, elles ont été reçues chez moi avec respect et j'ai pris un réel plaisir à converser avec ceux qui parlaient notre langue ; ce qui m'a permis de connaître des gens sur qui j'avais été affreusement trompé. De là est née chez moi une idée très sincère de collaboration.* » Sous l'occupation, la famille Margueritte se faisait remarquer par son admiration pour le IIIe Reich. La salle à manger de la ferme, sise au lieu-dit Les Petites Maisons à Saint-Charles-de-Percy, révélait cette adhésion au régime nazi avec un portrait de Hitler d'un mètre de haut et des murs tapissés de coupures de presse annonçant les victoires allemandes. Fernand Margueritte fréquentait les Allemands installés dans le château voisin et chassait avec eux. Trois des quatre filles partagent les idées du père. L'une d'elles travaillait en Allemagne comme cuisinière du professeur Friedrich Grimm, propagandiste de l'ambassade d'Allemagne : quand elle revenait à Saint-Charles-de-Percy, elle paradait dans la commune en saluant à l'hitlérienne. Le jeu favori de ses filles était de prendre l'autocar et d'écouter les conversations des passagers mais leur rôle était également d'obtenir des renseignements sur le maquis FTP de Montchamp. Madeleine, l'une des filles ayant eu une altercation avec des jeunes gens dans un bal, six d'entre eux étaient arrêtés quelques jours plus tard. Margueritte se plaignait auprès du préfet : « *La propagande anglo-communo-gaulliste a pris des proportions assez importantes. Un fort noyau existe à Montchamp qui groupe presque tous les jeunes gens de la région. Là existe une petite société qui est dirigée par l'instituteur, un des êtres les plus abjects qui ont la responsabilité d'avoir faussé l'éducation d'une grande partie de la jeunesse.* » L'instituteur Marcel Oblin avait été ami avec Margueritte dans les années 1930, militant tous les deux à la Ligue des droits de l'homme ! Tout en multipliant les lettres de dénonciation, Margueritte faisait arrêter le secrétaire de mairie de Montchamp. La famille Margueritte était très liée aux époux Tatard, elle institutrice et lui agent des indirects.

De plus en plus inquiets de l'action de Margueritte, trois maquisards FTP de Pontécoulant, venus à bicyclette, Maurice Hardy, réfractaire STO, André Chauffray et Jean Socha, intervenaient le lundi 31 janvier 1944 vers 20 heures. Ils pénétraient dans sa ferme. Tandis que Chauffray tenait en respect l'épouse de Margueritte, Maurice Hardy abattait Fernand Margueritte de plusieurs coups de revolver ; les trois résistants en profitaient pour s'emparer de soixante-dix mille francs dans une armoire et les brûler dans la cheminée. Sa fille Marguerite étant en voyage à Berlin échappait à l'exécution. Dans l'édition de Caen du 2 février 1944, *Ouest-Éclair* indiquait que *« maintes fois il avait été prévenu par lettre anonyme du danger qu'il encourait que s'il continuait à poursuivre son action militante. Encore récemment, il aurait reçu une lettre de menace ne laissant aucun doute sur le sort qui lui était réservé. »* Avant de quitter la ferme, les trois résistants déposaient sur le cadavre de Fernand Margueritte des tracts et un morceau de ruban tricolore où était inscrit « France combattante ». Prenant peur après l'exécution de Fernand Margueritte, les époux Tatard obtenaient la mutation de madame à Saint-Calais tandis que lui s'engageait dans la LVF.

Lors de l'attaque du maquis de Pontécoulant par les gendarmes en mars, Hardy était fait prisonnier après avoir été dénoncé par une habitante de Pontécoulant ; après avoir été brutalisé par le lieutenant Quicray, il est livré aux Allemands. Détenu d'abord à Rouen, Maurice Hardy était ramené à la maison d'arrêt de Caen où il était fusillé le mardi 6 juin 1944.

Les principaux responsables de la collaboration calvadosienne et normande, emmenés par Julien Lenoir, assistaient à ses obsèques. La gerbe, envoyée par Jacques Doriot, voisinait avec celle des

Allemands. Le cimetière était surveillé par une trentaine de gendarmes. Sa fille Marguerite, secrétaire du propagandiste nazi Friedrich Grimm, était condamnée à cinq ans de travaux forcés et à la dégradation nationale par la cour de justice du Calvados en décembre 1946. Sa sœur Jacqueline était condamnée à la dégradation nationale perpétuelle et à la confiscation de ses biens. Une troisième fille décédait sous les bombardements de Vire en juin 1944. Selon Marcel Oblin, les deux autres seraient parties vivre au Maroc.

Le 7 mars 1944, une famille de collaborateurs notoires était victime d'une attaque d'un groupe de réfractaires réfugiés dans les bois de Hamars. Le père était grièvement blessé ; deux jours plus tard, ils récidivaient et criblaient de balles la mère et la fille, les laissant pour mortes, ce qu'elles n'étaient pas.

Les gendarmes du Bocage

Si certains gendarmes étaient engagés dans des réseaux de Résistance, parfois au péril de leur vie, d'autres se montraient très serviles envers l'occupant nazi. Le 15 mars 1944, deux résistants FTP du maquis de Pontécoulant, Maurice Hardy et Jean Prosniewski, allumaient un incendie. Deux gendarmes de la brigade de Vassy, Bonier et Coinon, étaient envoyés pour enquêter sur les origines de cet incendie.

Quelques jours auparavant, le gendarme Lucien Bonier et son supérieur, le lieutenant Quicray, avaient été dénoncés par *Radio-Londres* comme des collaborateurs dont il fallait se débarrasser. Connu pour son caractère difficile, Bonier avait montré beaucoup de zèle dans une enquête qui avait entraîné l'arrestation de huit jeunes gens de Vire, début mars 1944.

Alors que les deux gendarmes arrivaient au lieu-dit Le Bois de Vassy, Hardy et Prosniewski surgissaient depuis une haie et les jetaient à terre. Les deux gendarmes étaient rapidement désarmés et conduits dans un champ voisin. Après s'être assurés de son identité, le gendarme Bonier était abattu de six balles et achevé du coup de grâce devant son collègue. Les deux résistants enfourchaient leur bicyclette et disparaissaient. *L'Ouest-Éclair,* dans l'édition de Caen du 16 mars 1944, titrait : « *Un gendarme est abattu par deux cyclistes* » et développait : « *Un drame qui s'est déroulé avec une excessive rapidité a mis en émoi hier vers 15 h 30 la commune de Rully.* » *La Presse Caennaise* qualifiait le 18 mars cette exécution de « *lâche assassinat.* » Le sous-préfet de Vire, le commandant de la compagnie de gendarmerie, le lieutenant de gendarmerie Quicray, le procureur de la République et le juge d'instruction de Vire se rendaient sur place, puis présentaient leurs condoléances à la veuve. Lors des obsèques à Vassy, le colonel Dumoulin, commandant la légion de gendarmerie de Normandie, épinglait sur le drap mortuaire la médaille militaire décernée à titre posthume.

Le 31 mars, six gendarmes, appartenant aux brigades de Clécy et de Condé-sur-Noireau, pénétraient dans Pontécoulant à la recherche de jeunes réfractaires au STO. Ils contrôlaient l'identité de jeunes gens occupés à bricoler une moto mais, sur leurs gardes, les gendarmes dégainaient leur arme et ordonnaient aux jeunes de se tourner contre un mur. Alors que le gendarme Jules Mellion s'avançait pour effectuer une fouille, les jeunes le ceinturaient et l'entraînaient dans une maison. Une rafale de mitraillette était entendue : le corps du gendarme Mellion gisait sur le sol. Le combat s'engageait entre les gendarmes et les maquisards qualifiés de «*redoutables bandits*» par *La Presse Caennaise*. Touché à la tête, le gendarme Alfonsi était grièvement blessé. Alerté, le lieutenant Jacques Quicray rassemblait les hommes qu'il avait sous la main. Quand il arrive vers 18 heures, Pontécoulant était en état de siège. L'arrivée de renforts, des gendarmes casqués et en tenue de combat, contraint les maquisards à décrocher. Un accrochage se produit entre le maquisard Prosniewski et un gendarme qui a la cuisse transpercée de deux balles. Le gendarme Mellion tué était lié à la Résistance. En fouillant la maison, les gendarmes découvraient des armes et des tickets d'alimentation. Le lendemain, les feldgendarmes incendiaient la maison.

Alors que le gendarme André Guilbert, résistant du réseau Arc-en-Ciel, arrêté le 2 mars, avait été condamné à mort le 17 mai 1944 par la cour martiale allemande, son épouse venait implorer le lieutenant Quicray en lui disant que son mari avait déjà un pied dans la tombe, le gendarme lui répondait : «*Oui il aura bientôt le second.*» Le 22 mai, Guilbert était fusillé à la caserne du 43ᵉ de Caen.

Le lieutenant Jacques Quicray était condamné à mort par *Radio-Londres*, ayant reçu un avertissement le 4 mars 1944, mais les résistants du Bocage ne purent appliquer cette sentence. Jugé à la Libération par la cour de justice du Calvados en juillet 1946, il était accusé d'avoir montré un zèle excessif dans sa traque des réfractaires STO et dans ses relations avec l'occupant allemand : le 8 mai 1944, il avait reçu les félicitations du *Kommandeur* du *SD* de Rouen. Il réfutait toute collaboration avec l'ennemi et assurait avoir obéi aux ordres de son supérieur, le commandant Hémeret. Il bénéficiait d'un non-lieu, n'étant condamné qu'à la dégradation nationale à vie. Il avait été révoqué de la gendarmerie par décret du 1er août 1945, mais à la suite de l'amnistie de 1953, il était réintégré. La cour de cassation cassait le jugement de la cour de justice le 18 octobre 1962. Le lieutenant Quicray avait réussi à échapper à la fois à l'épuration extrajudiciaire et à l'épuration légale !

Henri Léon et Sébire

Au cours de l'année 1943, les groupes de résistance doivent accueillir des réfractaires sans cesse plus nombreux et les cacher dans les fermes environnantes. En septembre, le mouvement Derrien-Spitzner comprenait une vingtaine d'hommes, répartis dans les communes de Saint-Sylvain, de Bray-la-Campagne, d'Ouilly-le-Tesson et de Maizières. Manquant d'armes, ils s'attaquaient à des mairies, espérant y trouver des fusils de chasse, mais en vain.

Les groupes de résistance étaient aussi sous la surveillance de l'occupant. Le *Sipo-SD* et ses agents français du Centre d'Informations et de Renseignements menaient, depuis la fin de l'année 1943, une lutte implacable contre les réseaux. La technique le plus couramment utilisée était celle de l'infiltration. En septembre 1943, Henri Léon se présentait comme réfractaire chez Daniel Fontaine. Muni d'une carte de visite du docteur Derrien, il prétendait venir se cacher. Une fausse carte d'identité lui était remise. Âgé de 21 ans, originaire de l'Orne, il travaillait ça et là comme ouvrier agricole dans des fermes et était connu comme petit voleur. Appelé au STO, il était parti travailler en Allemagne, mais, lors d'une permission, il choisissait de ne pas y retourner. Arrêté par les Allemands, ceux-ci lui proposaient de travailler comme indicateur. Léon était placé dans la ferme des Lechevallier à Saint-Sylvain. À la mi-octobre, un certain Sébire le rejoignait. Tous deux étaient en fait sous surveillance. Henri Léon disparaissait à la fin du mois et l'on s'apercevait que, outre des vêtements et des objets, des documents concernant le réseau, contenus dans une petite boîte en fer, avaient disparu. Les soupçons se portaient sur lui, mais également sur Sébire.

Quinze jours plus tard, Léon réapparaissait et, en même temps que lui, la petite boîte en fer avec son contenu. Entre-temps, un résistant du groupe interceptait une lettre d'André Vail, trafiquant de marché noir et surtout très lié à l'auxiliaire de la Gestapo Lucien Brière : cette lettre était destinée à Sébire. Le groupe de résistants de Saint-Sylvain n'avait plus de doutes sur les agissements de Léon et de Sébire : tous deux travaillaient comme indicateurs pour le compte de l'antenne de Caen du *Sipo-SD*. Ils étaient arrêtés, mais Léon réussissait à s'échapper. Quelques jours plus tard, il était repris au Mans où il se cachait. Ramené à Rouvres, il rejoignait Sébire et tous les deux étaient jugés par une dizaine de résistants. Convaincus d'être des indicateurs de la Gestapo, ils étaient condamnés à mort par pendaison malgré l'opposition de l'abbé Bousso. Le lendemain, Sébire était exécuté, mais la corde qui devait pendre Léon cassait. Sans doute un peu naïfs, les résistants graciaient Léon après un vote à main levée très serré – six voix contre cinq – et le remettaient même en liberté après avoir soigné sa blessure à la tête. Réfractaire au STO, Léon avait été pris par les Allemands qui lui mettaient le marché en main : ou il repartait travailler en Allemagne ou il se mettait à leur service. Léon choisissait de devenir indicateur. Son exécution manquée par pendaison lui valut le surnom de « Le pendu ».

Á la fin du mois d'avril 1944, Henri Léon réapparaissait à Ouilly-le-Tesson « *habillé comme un prince* », venant soi-disant rembourser ce qu'il devait à ceux qu'il avait volés quelques mois auparavant. Le résistant qui le recevait comprenait que ce train de vie et cet argent provenaient de la trahison. Conscient du danger que représentait Léon, il partait prévenir ses amis, mais à leur retour Léon avait de nouveau disparu. Malgré la menace que représentait Léon, les résistants demeuraient en place. Gérard Fournier souligne l'excès de confiance de Paul Derrien : «*s'ils avaient eu à nous arrêter, ce serait déjà fait*» déclarait-il à Daniel Fontaine. Henri Léon revenait le 2 juin 1944 à l'aube, mais accompagné d'Allemands, d'agents du *Sipo-SD* et de membres du CIR menés par Hervé : Serge Fortier, Émile Chapron, André Martin, Gilbert Bertaux. De ferme en maison et de village et village, Léon désignait sans aucune hésitation ceux qui appartenaient au réseau du docteur Derrien. En quelques heures, douze personnes étaient arrêtées : Paul Derrien et sa compagne Raymonde Vayssier, Charles Sevestre, l'abbé Victor Bousso, Paul Lechevallier et sa femme, Maurice Billy, Paul Albert Vivier, Paul Chaléas, Paul et Robert Vigouroux, Gabriel James. Henri Carel était arrêté le 3 juin. Au total, treize personnes avaient été arrêtées par le *Sipo-SD* sur les indications d'Henri Léon. Elles étaient emmenées à Caen à bord de Citroën Traction avant noires et passaient par le siège du *Sipo-SD* avant d'être conduits à la maison d'arrêt de Caen. À chaque étape, les coups pleuvaient. Á l'exemple de Paul Derrien et de Raymonde Vayssier frappés dans leur maison et torturés rue des Jacobins. En outre, les agents de la Gestapo mettaient sa maison au pillage, emportant des objets de valeur, la voiture, la moto et la bicyclette. Quatre jours plus tard, c'était le débarquement et les nazis, renforcés des membres du *Sipo-SD* de Caen, décidaient d'exécuter leurs prisonniers de la maison d'arrêt de Caen. Conduits par petits groupes de cinq ou six dans les courettes, ils étaient exécutés : au total entre 70 et 80 étaient éliminés en quelques heures. Parmi eux, les membres du groupe de Paul Derrien étaient massacrés, y compris Raymonde Vayssier, mais sauf Mme Lechevallier qui était libérée le 7 juin. Disparus dans la nuit et le brouillard de l'extermination nazie, aucun des corps des fusillés du 6 juin 1944 n'a été retrouvé à ce jour. Seul le hasard permettra peut-être un jour de les exhumer.

Ainsi, quatre jours avant le débarquement, la trahison d'un jeune paumé manipulé par les nazis, mais aussi une certaine naïveté des résistants, décimaient le réseau de résistance animé par Paul Derrien. Craignant la prise rapide de la ville de Caen par les Alliés, Harald Heyns et les services du *Sipo-SD* quittaient Caen pour aller s'installer dans la propriété de Paul Derrien à Argences.

Badin

Le 1er avril 1944, Badin, secrétaire de la section RNP de Lisieux et actif propagandiste de la LVF, échappait de peu à un attentat, l'arme de son agresseur s'étant enrayée.

Canivet

Raymond Ruffin expose, dans *Les Lucioles de la nuit,* l'exécution d'un certain Canivet le 22 avril 1944 : il était retrouvé poignardé dans un fossé près de Dives-sur-mer. Un temps commerçant, il passait, en août 1943, au service du *Sipo-SD* et prenait part à un certain nombre d'affaires. Il était à l'origine de plusieurs arrestations dont celle de

René Dacquet, un ingénieur de Merville qui transmettait des plans, ou celle d'Émile Choux, résistant infiltré sur un chantier de l'organisation Todt où il ne respectait pas les doses de béton.

Lucien Brière

Dans son édition du jeudi 4 mai 1944, *La Presse caennaise* rapportait, en bas à droite de la première page, ce qui semblait être un fait divers. Le petit article était intitulé : *Un crime rue des Fossés-du-château*. En quelques lignes, le journal présentait ainsi les faits : « *on a découvert au début de l'après-midi rue des Fossés-du-château, le cadavre de M. Brière, marchand forain, habitant ladite rue. La victime avait été abattue à coups de revolver. Á l'heure où nous mettons sous presse, une enquête est commencée.* » Les jours suivants, *La Presse Caennaise* ne reparlait plus de ce fait divers ! Quant au *Bonhomme Normand*, il ne le relatait pas ; dans son édition du 12 au 18 mai, Lucien Brière figurait seulement dans la liste des décès de la semaine. L'édition de Caen de *l'Ouest-Éclair* ignorait également ce fait divers. La *Propaganda Staffel*, qui contrôlait étroitement le contenu des journaux, avait interdit la diffusion de toute information sur l'exécution de Lucien Brière.

L'occupant allemand ne voulait pas que la population caennaise apprenne que Lucien Brière avait été exécuté le mercredi 3 mai 1944 en tout début d'après-midi par la Résistance. Brière était né le 6 février 1913 à Carentan (Manche). Après avoir vaguement appris la boulangerie, il se retrouvait « masseur » à Caen : c'était le début de ses ennuis judiciaires. Une jeune fille l'accusait d'attouchements et ses parents portaient plainte pour outrage à la pudeur. Mais le procès se concluait par un non-lieu. Ce petit homme roux et barbu devenait alors soi-disant guérisseur. En décembre 1937, Brière était condamné à dix-huit mois de prison pour manœuvres abortives. Á peine libéré, il était de nouveau arrêté le 28 novembre 1939, mais échappait à la prison en s'engageant dans l'armée. Démobilisé en juin 1940, il revenait à Caen et reprenait sa vie marginale. Il était de nouveau arrêté en décembre 1940, mais était libéré sur intervention allemande : associé à André Vail, Brière avait monté un réseau de marché noir du beurre sur le département du Calvados. L'occupant lui mettait le marché en mains : soit il collaborait, soit il allait en prison. Brière choisissait la collaboration avec l'*Abwehr*, service de renseignement de l'armée allemande. Dans le même temps, il adhérait au Parti Populaire Français. Après l'avoir filé depuis Cherbourg jusqu'à Lisieux, il faisait arrêter à Pont-l'Évêque, en mars 1941, un agent britannique. Il récidivait en 1943 avec un agent du réseau Hector, lequel était fusillé le 9 mai suivant à la prison de Caen. Il dénonçait en particulier quelques détenteurs de fusils de chasse dont François Nuens, garagiste de l'avenue Georges Clemenceau à Caen, qui était fusillé à la caserne du 43e RI.

Lucien Brière, «*repris de justice aussi bestial que cupide*», selon l'expression de Jean Quellien, devenait encore plus dangereux quand il était ivre : il procédait alors à des contrôles d'identité dans les rues de Caen en braillant : «*moi, je suis chef de la* Gestapo *à Caen*» ou «*C'est moi Brière, chef de la* Gestapo», alors qu'il n'était qu'une marionnette entre les mains de l'occupant. Arrêté en état d'ivresse à Bayeux, il clamait aux agents : «*Je suis membre de la Sûreté allemande, de la* Gestapo.» Après avoir eu une altercation avec un ouvrier, place du 36e RI, il l'abattait de deux balles de revolver dans le dos. Il avait installé son quartier général au *Caïd*, café cabaret sis à l'angle des rues Saint-Jean et Laplace tandis que son épouse tentait de vendre des coupons de tissu. Il se vantait, auprès d'un inspecteur de police caennais, de percevoir 35 000 francs par mois, ce qui lui permettait de mener la grande vie. Brière opérait sur l'ensemble du département : il était signalé à Thury-Harcourt où il abattait un boucher, à Condé-sur-Noireau, à Troarn, à Lisieux, à Saint-Martin-de-Sallen où il assassinait Pierre Dudouit, un ouvrier agricole, mais surtout dans l'agglomération caennaise. Henri Levavasseur rapporte : « *On l'exècre, mais on le craint.* » Lors de l'été 1943, des coups de feu étaient tirés sur Brière quai Vendeuvre. Le résistant Emmanuel Robineau, aurait tenté de piéger sa boîte aux lettres avec une grenade. Lucien Brière recevait constamment des menaces de mort par courrier au point que le *Sipo-SD* l'envoyait passer quelques semaines à Alençon.

En décembre 1943, il travaillait avec le chef des auxiliaires calvadosiens du *Sipo-SD*, Raoul Hervé, et opérait avec lui sur Montchamp. Ivre, il réalisait un interrogatoire très musclé sur le résistant Henri Schuh : doigts brisés, côtes enfoncées à coups de bottes et séances de baignoire dans une eau putride. Au bilan de trois années de collaboration avec le *Sipo-SD*, il avait participé à une quarantaine d'arrestations ; il aurait assassiné personnellement quelques personnes comme cet ouvrier agricole abattu à Saint-Martin-de-Sallen le 2 décembre 1943.

Reconnu pour sa dangerosité, Lucien Brière était condamné par la Résistance. Le 22 janvier 1944, son sort était scellé dans un courrier signé par un certain Jean-Claude : Brière y était qualifié de «*type très dangereux*». Le rédacteur écrivait : *« Afin que la région puisse reprendre une activité normale, il faut agir très rapidement ; bon nombre d'actifs sont obligés de rester dans l'ombre jusqu'au jour où une solution sera apportée. Il faut donc agir à tout prix.* » Plusieurs tentatives échouaient, mais le 3 mai 1944 dans l'après-midi, alors qu'il quittait son domicile rue des Fossés du château, il était abattu par deux résistants du réseau Arc-en-ciel venus de Paris : Jean-Louis de Camaret et Jean-Albert Vouillard. Ils étaient conduits par Jean Héron, dit « Jean-Claude », responsable régional du réseau Arc-en-Ciel. Le rapport de police établissait que « *la victime a été abattue par surprise et tuée à bout portant* ». Des résistants locaux membres du même réseau, dont Jacqueline Vico, Paulette Leconte et Jean Héron, les prenaient en charge et les cachaient dans une petite maison du cimetière Saint-Jean. Quand le commando décide d'intervenir, Thierry Leprévost décrit les dernières instants de celui qui est surnommé le chacal : « *Brière marche sur le trottoir, chaussé de bottes noires, un chapeau mou, son collier de barbe sur son visage bestial. Selon son habitude, il se retourne fréquemment pour voir s'il n'est pas suivi, de sorte qu'il ne prête aucune attention à la voiture, ni à ses occupants.* » Dans l'instant qui suit, Brière était exécuté. Son épouse, alertée par les deux coups de feu, arrivait au chevet de son mari défunt : « *Ah ! Mon pauvre Lulu, lui qui a rendu tant de services. Quelle époque !* » Tandis que la police caennaise conduisait son enquête sans empressement, le *Sipo-SD* et ses auxiliaires français s'activaient. Reparti à Paris, Jean-Albert Vouillard y était abattu par des agents du *Sipo-SD* le 17 mai. Le 22 mai, la plupart des membres caennais du réseau Arc-en-ciel étaient arrêtés et incarcérés à la maison d'arrêt de Caen ; le 6 juin, les nazis en fusillaient sept : Maurice Dutacq, Yves Legoff, Roland Postel, Louis Leconte, Roger Veillat, Anatole Lefèvre et Raymond Pauly.

Lors de ses obsèques qui se déroulent le 6 mai en l'église Saint-Jean, certains Caennais exprimaient leur soulagement en applaudissant le corbillard et d'autres chantaient *la Marseillaise*. Il était ensuite inhumé dans la sépulture familiale au cimetière Saint-Gabriel. Une année après, *Liberté de Normandie,* dans son édition du 4 mai 1945, célébrait l'exécution de celui que le journal qualifiait de «*bête immonde*»: «*Des hommes courageux, des patriotes qui savaient ce qu'ils risquaient, ont accompli cet acte mémorable… La résistance avait une fois de plus accompli son œuvre.*» Rencontrée le 8 août 2018, Paulette Héron née Leconte, membre du réseau Arc-en-Ciel, se souvient parfaitement de l'exécution de Brière et savoure toujours cet acte: «*On l'a eu ce salaud*». Elle affirme qu'il aurait été inhumé vêtu d'un uniforme allemand!

Dans la nuit du 6 au 7 mai 1944, un cafetier lexovien était enlevé par des résistants. Suspecté d'être un agent au service des Allemands, il était exécuté et retrouvé dans une carrière le long de la route d'Orbec.

Alphonse Baudot

Habitant Bonneville-sur-Touques, il était le responsable du groupe OCM-Centurie, chargé du renseignement dans le canton de Trouville-sur-mer. Il avait également organisé le sauvetage d'aviateurs alliés abattus dans le Pays d'Auge. Devenu trop dangereux du fait de ses crises de démence de plus en plus fréquentes, il était exécuté le 8 mai 1944 à Saint-Benoist-des-Ombres près de Pont-Audemer par ses amis résistants, Camille Renoult, chef du secteur FFI de Beuzeville, justifie ainsi cette exécution: «*Il a des liaisons avec Laplanche, agent de la* Gestapo. *Devenu fou, il menace de livrer toute la résistance de la région. Cet homme a besoin d'argent et est prêt à tout. Son exécution est décidée avec Honfleur (Bodenan) et Trouville-Deauville et Touques (Voisin, Aubry).*»

Roger Angelliaume

Roger Angelliaume était marchand de nouveautés à Dives-sur-mer. Ce sexagénaire adhérait dès 1940 au Groupe Collaboration, mouvement prônant la collaboration franco-allemande. La section calvadosienne avait été créée et était dirigée par le sinistre Julien Lenoir, âme noire de la collaboration dans le Calvados. En 1941, Angelliaume ralliait le Rassemblement National Populaire, parti collaborationniste.

Roger Angelliaume profitait de cette position dans le milieu de la collaboration pour dénoncer un concurrent marchand de nouveautés à Dives-sur-mer qui aurait récupéré les marchandises d'un Juif arrêté le 2 mai 1942 et déporté le 6 juillet suivant au camp d'extermination d'Auschwitz-Birkenau. À la fois mu par l'envie de nuire à un concurrent et par son antisémitisme, il écrivait le 23 septembre 1942 au président de la chambre syndicale patronale de la nouveauté, convaincu que « *ces juifs avaient maquillé et mis de côté une certaine quantité de marchandises. Je vous avais dit que ces JUIFS Lewinski se réfugiaient chez un nommé X, lequel fait actuellement commerce de TOUT et TOUT. Il est maintenant certain que des balles de marchandises se trouveraient chez X et seraient vendues par petits colis. Ne croyez surtout pas que ce soit par un intérêt QUELCONQUE, car nous faisons plus d'affaire que nous le voudrions, mais il est INADMISSIBLE que ces JUIFS soient protégés par des Français communistes et qu'ils continuent à rire des pénibles événements que nous subissons. Au début de cette pénible guerre, quelque temps avant l'exode, ces JUIFS avaient fait venir une partie de leur famille TOUS JUIFS ÉGALEMENT, eh bien ces Gens raflaient dans la région toutes les pommes de terre et produits qu'ils pouvaient trouver dans la région et ceci à pleines voitures, ceci pour vous dire ce qu'est cette race pour laquelle nous ne devrons avoir maintenant AUCUN ÉGARD... En cas de perquisition, je ne doute pas que cette perquisition aurait des résultats malgré toutes leurs précautions.»* Le préfet, informé de cette lettre, demande une enquête, mais un mois plus tard, l'affaire est classée.

Après le Débarquement du 6 juin 1944, Angelliaume s'était mis au vert dans sa propriété du Lion d'or sur la commune de Méry-Corbon. Dans la soirée du 1er au 2 juillet, il était exécuté. Dans les années 1990, alors que je participais à un salon du livre à Beuvron-en-Auge, une femme est venue m'affirmer que son frère était celui qui avait tué Angelliaume. Mais je n'ai pas su les noms de cette femme, et par conséquent de son frère.

Raymond Gaudence

Membre du PPF, Raymond Gaudence était à la fois indicateur du Contrôle économique et du *Sipo-SD* de Caen et était l'auteur de plusieurs dénonciations. Il était exécuté le 30 juillet 1944 sur une route nationale près de Villaines-le-Juhel dans la Mayenne. Les gendarmes locaux, appelés sur les lieux, constataient que «*trois pièces de la Sicherheitsdienst de Paris, de Rennes et de Rouen ont été trouvées dans le portefeuille de la victime, ce qui ne laisse aucun doute sur l'identité de celui-ci, ni sur son genre de travail.*» Le rapport indiquait qu'il avait été tué par la Résistance sans autre précision.

Roland Carpentier

Cultivateur à Montchamp, Roland Carpentier espérait succéder à Fernand Margueritte. Mais selon Marcel Oblin, Carpentier était «*un pauvre type*». Gros trafiquant de marché noir, en particulier avec les Allemands, il s'en prenait au maire qui voulait lui faire monter la garde ou aux gendarmes venus l'interpeller. Sa ferme était devenue un centre local de marché noir où Carpentier rassemblait les réquisitions des villages voisins. Il portait l'uniforme allemand et informait le *Sipo-SD* des parachutages destinés au maquis FTP de Montchamp. Cette action entraînait l'arrestation d'un bûcheron, correspondant radio. Les gendarmes de Vire récupéraient quatre tonnes d'armes et de matériel.

Après la Libération, Carpentier était arrêté le 6 août 1944 par des résistants de Montchamp et des membres de l'*Intelligence service*; il était conduit par les gendarmes de Bayeux au camp d'internement de Sully; prétextant une appendicite, il entrait à l'hôpital de Bayeux d'où il s'évadait dans la nuit du 15 au 16 septembre. Informés de cette évasion, les résistants de Montchamp surveillaient son domicile au hameau de la Buotière. Il y revenait dans la nuit du 16 septembre pour récupérer de l'argent, mais il était immédiatement repéré par dix-huit maquisards; alors que sa ferme était cernée, des coups de feu partent, ce qui faisait sortir Carpentier pieds nus et en chemise. Les résistants faisaient feu de toutes parts dans la nuit : il était atteint de plusieurs balles dans la nuque. Quand les gendarmes arrivaient sur place, ils ne trouvaient que le cadavre de Carpentier. Enterré, il était rapidement exhumé pour être à nouveau inhumé dans le tas d'ordures du cimetière : sa nouvelle sépulture était ornée d'une croix gammée d'abord en bois, mais elle était détruite, puis en fer.

Henry Thuillier

Henry Clément dit Thuillier, du nom de son beau-père, né en 1923, originaire de Douai et vaguement employé de bureau, était venu s'installer à Cabourg en 1940 ; il devenait le responsable local du Rassemblement National Populaire, des Jeunesses Nationales Populaires et du Front Social du Travail. Henry Thuillier et sa mère vivaient dans la ville Marguerite au Home. Avec la complicité de sa mère, il développait une intense propagande sur Cabourg et sur Houlgate, s'efforçant de recruter des jeunes dans son mouvement collaborationniste. À son apogée, le RNP avait environ quatre-vingt adhérents sur le secteur Dives-Cabourg. Ces résultats lui valaient d'être nommé secrétaire départemental des JNP en octobre 1942. Ses efforts se poursuivaient, proposant aux jeunes gens menacés par le STO d'adhérer aux JNP. Thuillier faisait parader ses JNP en uniforme dans les rues de Cabourg. Il recrutait également des ouvriers affectés à l'organisation Todt.

Il se liait avec Wagner, chef de la *Kommandantur* locale. Connaissant la langue allemande, il devenait d'abord interprète, puis indicateur du *Sipo-SD* de Caen titulaire de la carte R (R pour renseignement). Le 29 avril 1943, il organisait un comité de la Milice de la section de Cabourg-Dives du RNP. Thuillier appartenait à la réserve mobile avec sept autres membres tandis que les autres étaient versés dans l'organisation territoriale. Il était précisé qu'une enquête préalable était effectuée pour entrer dans la Milice et que deux parrains étaient nécessaires ; il fallait être prêt tout heure de la nuit et du jour. « *En cas d'attaque contre l'un de nos camarades, la réserve mobile sera alertée.* » À la section féminine était dévolu un rôle sanitaire. Tous disposaient d'une carte de circulation «*portant le cachet de la Commendenture.*» Thuillier demandait à ses adhérents de remplir des fiches et les envoyait perquisitionner chez des personnes suspectées d'écouter la radio de Londres.

Son domicile cabourgeais ayant été sinistré, mais sans doute inquiet de l'avancée alliée vers la libération du territoire, Henry Thuillier partait s'installer rue de Vitot au Neubourg. Reconnu par des résistants du Neubourg le 24 août 1944, vers 0h10, Henry Thuillier était abattu près du cours Saint-Paul. Ce même jour voyait la libération du Neubourg.

Le 21 août 1944, trois membres d'une famille de La Rivière Saint-Sauveur étaient exécutés par un groupe de résistants de l'OCM sans que le motif soit connu. Le même jour, des résistants F.T.P partaient à la recherche d'un *Waffen-SS*, fils d'un pépiniériste belge de La Rivière Saint-Sauveur. Repéré, Jean Huberty refusait d'obtempérer et, protégé par son père, s'enfuyait en tirant sur les résistants. Mais le 25 août, ils étaient capturés par des résistants de l'OCM ; ils étaient jugés par un tribunal improvisé présidé par le général belge Piron et composé de militaires et de résistants. Jean Huberty et son père étaient condamnés à mort et exécutés. À Ablon, trois membres d'une famille, accusés d'avoir commercé avec les Allemands, étaient arrêtés par des résistants de Beuzeville et exécutés à Fatouville-Grestain (Eure) où les corps étaient découverts dans une marnière. Pierre Boiteau soulignait que le canton d'Honfleur, avec huit exécutions sommaires, concentrait les deux tiers de celles du Calvados.

Épuration allemande à Livarot

À quelques kilomètres de Sainte-Marguerite-de-Viette, où s'était installée l'antenne du *Sipo-SD*, en direction de Livarot, se trouve le village de Saint-Michel-de-Livet. Á environ deux kilomètres, au lieu-dit La Cour Vigneux, se trouve, isolée, la ferme de la famille Bourienne. Le 18 août 1944, celle-ci accueillait avec enthousiasme des éclaireurs britanniques arrivés en Jeep dans leur ferme en empruntant le chemin de la Croix Jamot. Les Bourienne pensaient que la libération était enfin arrivée, mais les quelques soldats britanniques n'étaient là qu'en avant-garde et devaient se retirer aussi vite qu'ils étaient venus. Dès qu'ils étaient partis, un *SS*, peut-être deux, sans doute témoins du passage des Britanniques, surgissait et lançait des grenades dans la ferme en brique rouge. Ernest Bourienne, 67 ans – il était veuf depuis 1942 –, sa fille Andrée Chrétien, 30 ans, Paule Bouillon, 21 ans, femme de ménage et Suzanne Travert, 55 ans, ouvrière agricole, étaient exécutés, certains étant achevés à coups de revolver. Deux journaliers agricoles, André Granval, 39 ans, de Saint-Marguerite-de-Viette, et Albert Delignou, 18 ans, de Saint-Michel-de-Livet entendaient les explosions de grenades et se rendaient rapidement vers la ferme. Le *SS* les abattait dans un herbage et disparaissait. Marie-Thérèse Bourienne, 10 ans, et un jeune réfugié venu en visite, s'étaient dissimulés sous un lit pendant le massacre. En quelques minutes, six Français qui vivaient dans l'espoir de la libération avaient été exécutés. La libération définitive du secteur intervenait le lendemain. Anthony Beavor avance l'hypothèse qu'après la libération de Livarot le 20 août, il y a eu une volonté de vengeance de la Résistance locale, laquelle est confirmée aujourd'hui.

Livarot était en effet libérée par des éléments de la 7ᵉ division britannique le 20 août. Encore sous le choc du massacre de Saint-Michel-de-Livet et ayant vraisemblablement arrosé la libération, la Résistance locale, affiliée à l'OCM et organisée sous la direction d'Yves Bozec, capturait le 27 août huit soldats sous uniforme allemand, sept Allemands et un Italien. Ne parlant pas le français et ne le comprenant pas, ils étaient jugés sommairement par un tribunal improvisé dans la salle du tribunal de police de la mairie et étaient condamnés à morts. Ils étaient conduits immédiatement dans un herbage le long de l'avenue de Neuville. Ils étaient sommés d'y creuser leur tombe, mais refusaient. L'Italien blessé à un bras se dit incapable de creuser et était exécuté sur-le-champ. Les sept autres s'exécutaient avant d'être abattus. Les soldats canadiens, qui avaient installé un hôpital de campagne à proximité, tentaient d'intervenir, mais en vain. Quelques curieux venaient assister à ces exécutions, mais ils étaient rapidement éloignés par les résistants. Les corps étaient rapidement ensevelis et les résistants revenaient fièrement à Livarot. Dans l'herbage, un taureau intrigué par la terre fraîchement remuée allait piétiner l'emplacement et déterrait partiellement plusieurs corps. Des villageois venaient plus tard les recouvrir correctement. En 1951, le service allemand des tombes de guerre du cimetière de La Cambe venait récupérer les corps pour les inhumer dans la nécropole. Un des membres du peloton d'exécution alors âgé de 17 ans témoignait sur cette épuration : «*J'avais 17 ans, j'étais jeune et j'obéissais aux ordres.*» Il s'exprimait alors sans remord apparent ! Les archives et les témoignages sur ces années d'après-guerre à Livarot étaient détruits dans les années 1950 à l'initiative d'un conseil municipal sans doute honteux de ces forfaits.

Des tentatives mystérieuses d'épuration dans le Calvados

Il arrive que des règlements de compte se produisent dans des conditions mystérieuses. Ainsi à Épinay-sur-Odon, le 15 novembre 1945, une violente explosion endommageait très gravement une maison et réveillait le voisinage vers 23 heures. Le parquet de Caen et la gendarmerie venaient sur place constater qu'une bombe de 50 kg était à l'origine de cette explosion. Mais celle-ci n'avait rien d'accidentel. *Liberté* signalait que le locataire de cette maison avait été récemment jugé par la Chambre civique de Caen et que certains avaient jugé sa condamnation trop peu sévère. Le journal n'excluait pas la possibilité d'un attentat.

Le 7 décembre 1945 à 8 h 30 du matin, le commissariat de police de Deauville recevait un coup de téléphone anonyme qui lui annonçait qu'un corps gisait dans une automobile. *Liberté* annonçait : «*Crime mystérieux à Deauville – Un marchand de bestiaux est assassiné dans sa voiture.*» L'article précisait que Bernard Retout, originaire de Pennedepie, avait la gorge tranchée, ajoutant «*la tête presqu'entièrement décollée*», ce qui pouvait amener à penser que l'assassin avait utilisé un tranchet ou un couteau de boucher. Le vol n'était pas le motif : une assez grosse somme d'argent était retrouvée sur la victime. Le journal s'interrogeait sur la cause du meurtre : vengeance ou crime politique. Bernard Retout avait beaucoup vendu aux Allemands sous l'occupation, ce qui lui avait valu de passer devant la Chambre civique, mais il avait été acquitté.

3.
Le département de l'Eure

Des cinq départements normands l'Eure est incontestablement celui où l'épuration sauvage est la plus sanglante: 53 exécutions selon Marcel Baudot en 1960 ou 78 selon Julien Papp en 1993. Deux réseaux de Résistance se partagent essentiellement ces exécutions: le maquis Surcouf de Robert Leblanc et les Francs Tireurs et Partisans d'Henri Sorel. Le réseau Vengeance en revendique quelques-unes. Cette épuration sauvage concerne non seulement les collaborateurs désignés comme des traîtres à la France, mais aussi des trafiquants du marché noir, des pilleurs ou des rançonneurs de fermes. Certains sont publiquement dénoncés par *Le Patriote de l'Eure*, organe départemental du Front National (le vrai, celui de la Résistance) de lutte pour l'indépendance de la France.

Le 14 juillet 1943, ce journal publie un article justifiant ces exécutions sommaires: «*Lorsque le Comité départemental du FN assure la lourde charge de juger et de condamner les traîtres,* il s'entoure du maximum d'informations. Le cas d'un Legrand par exemple est bien examiné. L'opinion publique joue un grand rôle. Mais le facteur déterminant reste bien entendu les actes du personnage... Ainsi la condamnation n'est pas le fait d'un quelconque chef de bande anarchiste comme voudraient le faire croire nos ennemis. Elle est la décision d'un groupe d'hommes qui connaissent le poids de leurs actes. La répression des menées anti-françaises des éléments collaborateurs constitue une nécessité pratique et un acte de justice... Un acte de justice. Partout et toujours la trahison a été punie de mort. Comment s'appelle le fait de livrer aux Allemands des aviateurs alliés de la France? Tout cela se nomme trahison.* »

Le 10 juin 1943, une proclamation de Robert Leblanc va dans le même sens : « *L'armée des patriotes français, qui a engagé contre les Boches et les miliciens une lutte à mort dont l'enjeu est la libération de notre pays, vous rappelle qu'il est indispensable que chaque Français nous aide. Les traîtres et les lâches seront impitoyablement châtiés ; nos glorieux martyrs l'exigent. Nous serons sans pitié quand sonnera l'heure des règlements de compte. Et cette heure est proche.* »

Robert Legrand

L'un des premiers, exécutés le 3 juin 1943 vers 10 h 30 par les FTP d'Henri Sorel, est Robert Legrand, assureur au Neubourg, délégué cantonal à la propagande et à l'information et membre du Groupe Collaboration. Même ses amis le considéraient comme un excité, comme le précise le délégué départemental à la propagande : « *Réserve faite d'une attitude officielle qui nous oblige, surtout quand ils sont atteints aussi odieusement, on doit convenir que Robert Legrand était un excité. Il se livrait surtout à un labeur de surveillant général de la commune, s'arrêtant à des faits qui n'intéressaient pas d'une manière directe la Propagande, prenant à partie les uns et les autres, et oubliant que le délégué à l'information doit être avant tout un animateur de l'opinion publique.* » Deux jours plus tard, Duramé, secrétaire général des Amis du Maréchal, adresse au préfet une lettre plus mesurée : « *C'est une grande et douloureuse perte. La cause du maréchal, dont Robert Legrand a été, dès la première heure, un serviteur dévoué et désintéressé. Depuis plus de 25 ans, je connais le dévouement de Robert Legrand à la cause nationale qu'il défendait avec une foi incessante.* » Le *Journal de Rouen* titrait le 4 juin : « *Un agent d'affaires est abattu à coups de revolver.* » Le *Patriote de l'Eure* titrait le même jour : « *Robert Legrand, agent d'affaires, coupable de haute trahison, condamné à mort par le Comité départemental du Front National de lutte pour l'Indépendance de la France a été exécuté le 3 juin 1943 à 10h30, en son domicile du Neubourg. D'autres sont condamnés, ils seront impitoyablement supprimés.* »

Raymond Gicquel

Le mois suivant, le 14 juillet, c'est le tour de Raymond Gicquel, berger à Sancourt, abattu par trois hommes dans le champ où il gardait ses moutons. Ce membre du Francisme avait dénoncé trois aviateurs alliés à la gendarmerie. Le *Journal de Rouen* déplorait cet attentat terroriste où « *un berger père de 8 enfants est abattu d'une balle de revolver.* » Quant au *Démocrate de Vernon*, il expose « *qu'un nouveau crime que l'on croit devoir imputer à une bande de terroristes vient d'être commis dans l'Eure, cette fois aux environs de Gisors.* » Leroy, garde à Saint-Denis-le-Ferment, a plus de chance et échappe à l'attentat commis le 12 août à son encontre.

Suzanne Deloutre

Le 22 septembre, Suzanne Deloutre, domestique de ferme à Fouqueville, accusée d'être responsable de la dénonciation de son ancien compagnon qui s'était suicidé dans sa cellule, est abattue par un jeune homme de 18 ans qui s'enfuit à bicyclette. Le 6 décembre, Georges Mercier, employé SNCF, ne prend pas son service en gare d'Ezy-sur-Eure. Sont découverts à l'aube sa casquette et son écharpe, mais surtout des traces de sang sur le parapet du pont enjambant l'Eure ; sa bicyclette est ensuite découverte dans la rivière. Le corps n'est pas retrouvé, mais *Le Journal de Rouen* mentionne qu'il « *se pourrait que l'employé de chemin de fer ait été l'objet d'un attentat.* » Cet ancien membre du Parti Social Français était connu pour ses violentes discussions et son habitude de prendre en note les incidents survenant en sa présence.

Eugène Capelle

Le 10 décembre, c'est le tour d'Eugène Capelle, représentant en liquides à Saint-Cyr-du-Vaudreuil. Alors qu'il se rendait au cinéma à Louviers avec son épouse, au moment où il allait garer son automobile, deux individus surgissaient de l'ombre ; tandis que l'un repoussait Mme Capelle, l'autre exécutait de trois balles celui que *Le Patriote de l'Eure* avait surnommé «Von Capelle». Ce journal rend compte de cette exécution «*pour crime de haute trahison et intelligence avec l'ennemi.*» Capelle eut la force de se rendre chez un charcutier où il décédait. Il avait reçu des lettres de menace et un petit cercueil.

Les quelques exécutions de l'année 1943 ne sont que des prémices et annoncent une année 1944 beaucoup plus sanglante. Celle-ci s'ouvrait le lundi 24 janvier sur l'exécution de Francis Veber, ancien géomètre, mais surtout président de la délégation spéciale ; son corps, atteint de trois balles, était découvert à 40 m de son domicile de La Ferrière-sur-Risle. Des menaces de mort avaient été apposées sur la porte de sa maison.

Lucien Deuve

Ce même lundi 24 janvier, les gendarmes de Saint-Georges-de-Vièvre étaient informés de la disparition de Lucien Deuve, ouvrier agricole à Saint-Etienne l'Allier. Les recherches les conduisaient vers le clocher où le corps se balançait au bout d'une corde : Deuve était également bedeau de la paroisse. Coupable d'avoir dénoncé un groupe de maquisards de Robert Leblanc, Deuve était condamné à mort par la cour martiale du maquis. *Le Journal de Rouen* commentait ainsi cette exécution : «*Les renseignements recueillis laissent à penser qu'il s'agit de représailles.*» Deuve avait à plusieurs reprises dénoncé les activités et les planques du maquis Surcouf et conduit les Allemands vers celles-ci. Cette trahison lui valait d'être condamné à mort par une cour martiale. Le 29 janvier, deux trafiquants du marché noir originaires de Bacquepuis, Lemaître et Mlle Blondel, étaient exécutés.

Francini

Le maquis Surcouf disposait d'un rapport de la brigade de gendarmerie de Pont-l'Évêque sur l'Italien Francini. Celui-ci établit que l'Italien avait dénoncé un habitant de Pont-l'Évêque à la *Feldgendarmerie* comme détenteur d'armes et de munitions et qu'il avait indiqué la cache de trois Anglais à Trouville-la-Haule. Il dénonce également le groupe de résistance de Quillebeuf. Jugé coupable, Francini est condamné à mort et fusillé le 24 avril 1944.

Violette Morris et la famille Bailleul

Dans son édition du 1er mai, *Le Journal de Rouen* annonçait que «*six personnes disparaissent mystérieusement entre Beuzeville et Neuilly-sur-Seine.*» L'article énumérait les six noms : M. et Mme Bailleul, charcutiers à Beuzeville, leurs deux enfants âgés de 14 et 15 ans, Claude et Henry et leur gendre Henri Hémery et la conductrice Violette Morris, Tous se rendaient à une communion à Neuilly-sur-Seine. L'article précisait : «*On a de fortes raisons de supposer qu'il s'agit d'un attentat terroriste.*» Les époux Bailleul avaient été menacés de mort par voie d'affiche. Le 26 avril 1944, sur la route entre Épaignes et Lieurey, au lieu-dit la côte du Vert, les maquisards de Robert Leblanc attaquaient la Citroën Traction 15 CV avant conduite par Violette Morris. Certains historiens contemporains avancent que Violette Morris était la principale visée, mais les hommes et les femmes du maquis Surcouf soulignent que c'était le charcutier Bailleul qui était visé. Dans son journal, Robert Leblanc indique qu'Himmler fut informé de cet attentat et ordonna que les coupables soient retrouvés. L'enquête fut menée par l'inspecteur Louis Alie et des membres du *Sipo-SD* de Paris,

Ainsi Simone Sauteur alias Puce, secrétaire du maquis Surcouf, établit dans ses mémoires que cette thèse est celle qui prévaut. Elle écrit : «*Depuis longtemps, la population de Beuzeville réclame le châtiment des traîtres Bailleul et Beaudoin.*» En mars 1941, Bailleul a dénoncé 21 personnes de Beuzeville. Membre actif du Groupe Collaboration, il vilipende les gaullistes et la Résistance. Il s'écriait dans un salon de coiffure de Beuzeville : «*Tous les Gaullistes devraient être en prison ou au poteau.*» Ses enfants étaient qualifiés de «Boches» par leurs camarades du collège d'Honfleur. Outre cette activité politique, Bailleul commerçait activement avec l'armée allemande.

Robert Leblanc décidait l'exécution des Bailleul qui, pour ses nombreux trafics avec l'occupant, se rendait régulièrement à Paris. Selon Raymond Ruffin, les deux fils Claude et Henri auraient dénoncé leur professeur d'anglais du collège d'Honfleur, Albert Manuel, lequel était fusillé le 13 novembre 1943. Une charrette chargée de branchages était disposée sur la route afin de faire ralentir la Citroën Traction. Dès qu'elle apparaît, Robert Leblanc donne le signal par un coup de feu. La traction est arrêtée et le conducteur sort avec un revolver à la main, mais un résistant tire et l'abat ; les autres occupants de l'automobile sont également exécutés : six morts baignant dans le sang sont relevés. La surprise vient du conducteur, un certain M. André, « *ce gros homme à la mine vulgaire* », comme le note Puce. Mais à l'examen de ses papiers, les maquisards découvrent que ce M. André se nomme en réalité Violette Morris. C'est une satisfaction pour eux comme le note Puce : « *Réjouissez-vous mânes de ceux qu'elle fit tant souffrir.* » Les valises et les papiers sont brûlés dans une cheminée tandis que la somme de 72 200 francs trouvée sur Violette Morris est versée au budget du maquis Surcouf. Les denrées contenues dans le coffre de la voiture étaient consommées sur place par les maquisards. Dissimulés dans une mare recouverte de branchage, les cadavres ne sont exhumés qu'après la Libération.

Dans son journal, Robert Leblanc mentionne l'exécution du dénonciateur du maquis de Flers : « *amené par Lauthier, adjoint de Pancaral, il est rectifié sur l'ordre des DMR Fantassin et Éric et du Régional Déchaume.* »

À plusieurs reprises, Robert Leblanc tentait d'éliminer son ennemi n° 1, le redoutable inspecteur de police Louis Alie, passé au service des Allemands dès 1941, mais en vain. Ce policier menait une chasse incessante envers les résistants et les réfractaires du STO.

Les familles Prévost et Beaudoin

Ce même dimanche 4 juin, trois « terroristes », comme ils étaient alors dénommés par les autorités de Vichy, pénétraient à 3 heures du matin chez des débitants d'Évreux ; les époux Prévost et leur fils Georges étaient emmenés dans un champ. Le père était abattu d'une balle dans la tête, son épouse était grièvement blessée tandis que le fils légèrement blessé réussissait à s'échapper. Alors que la famille Beaudoin était dans le viseur de Robert Leblanc, c'est le groupe FTP d'Henri Sorel qui se chargeait d'exécuter le cafetier de Beuzeville le 6 juin, ainsi que sa femme et sa fille Annette. Très liée à l'inspecteur de police allemande Walz, la famille Beaudoin dénonçait, en particulier des réfractaires au STO. Le 12 mai, Annette déclarait avoir remis aux Allemands une liste de 80 mauvais Français. Marcel Baudot qui était chef départemental des FFI de l'Eure écrit à son sujet : « *Malgré les nombreux avertissements qu'ils ont reçu, les époux Beaudoin et leur fille ont persévéré dans leurs agissements anti-patriotiques. Reconnus unanimement par la population beuzevillaise comme coupables de collaboration active et politique avec l'ennemi, ils sont de plus accusés par la section du Front national local d'avoir désigné à l'occupant une vingtaine de francs-tireurs de la région que les nazis recherchaient activement. Dénonciation de patriotes réfractaires. En conséquence de leur trahison, les instances supérieures des FTPF ont condamné ces dangereux collaborateurs à la peine de mort.* »

Les époux Pietralunga

Le 20 juin, à la suite de sa dénonciation de la famille Lesage, l'entrepreneur de maçonnerie de Saint-Pierre de Cormeilles, Pietralunga, était exécuté avec sa femme près de Morainville. Les cadavres gisant dans un fossé étaient découverts par un cantonnier travaillant sur la route nationale n° 80. Selon l'enquête de la gendarmerie, deux hommes se prétendant inspecteurs de police de sûreté se présentaient au domicile des Pietralunga. Ils les entraînaient ensuite vers Morainville, prétextant une rencontre avec un commissaire de police de Pont-Audemer. Pendant le trajet, le couple Pietralunga était abattu, chacun d'une balle dans la tête. L'article du *Journal de Rouen* concluait que le vol n'était pas le mobile du meurtre, une somme de 47 000 francs ayant été retrouvée dans le portefeuille de Pietralunga. Le couple était en effet suspecté de plusieurs dénonciations et affichait sa liaison avec le lieutenant allemand Steinbach, commandant un bataillon *SS* cantonné au Pin. Afin qu'ils puissent se défendre, Steinbach leur remettait un pistolet et des grenades. Ils ne purent l'utiliser, le stratagème du groupe FTP les ayant dupés. Selon Stéphane Lemercier, l'auteur était l'inspecteur de police résistant Jean Brissoneau.

Le mardi 27 juin Georges Missonnier, chauffeur, était abattu et son collègue blessé par *« deux individus masqués âgés de 20 à 25 ans »*. Tous deux étaient employés d'un marchand de bois ébroïcien.

Á la poursuite des pillards

Robert Leblanc réprimait les dénonciateurs, mais s'attaquait également aux bandits qui profitaient de la situation. Le 3 juillet 1944, il avertissait les pillards *« qui, sur présentation d'un papier quelconque, d'un brassard ou sous la menace d'une arme, rançonnent les gens, soi-disant au nom de la Résistance, que j'ai déjà pris et que je continuerai de prendre des mesures très sévères. Les sanctions pourront aller jusqu'à la peine de mort.* » Le 3 juillet, trois individus, qui volaient au nom de la Résistance, étaient exécutés à Quillebeuf. Le 4 juillet, le groupe FTP faisait fusiller à Berville deux pillards qui avaient torturé et dévalisé un couple de fermiers. Le 8 juillet, trois bandits, qui avaient rançonné des paysans, sont exécutés à Éperville-en-Roumois. Le 22 juillet, après un vol à main armée de 100 000 francs et de bijoux dans une ferme de Bonneville-la-Louvet (Calvados), six individus étaient arrêtés, rapidement jugés, condamnés à mort et exécutés. Le 10 août, deux pilleurs de fermes étaient arrêtés au Theil près de Genneville : l'un était fusillé le soir même, mais l'autre, père de sept enfants, était corrigé et relâché.

La traque des dénonciateurs ne cessait pas et reprenait de plus belle. Au début du mois de juillet 1944, l'abbé Gamard, curé de Toutainville, était retrouvé mort dans un fossé, tué de deux balles dans la tête. Délégué du canton de Beuzeville, il avait célébré un office funèbre à la mémoire d'un soldat de la LVF. Connu pour ses positions extrémistes, l'abbé Gamard était exécuté par les FTP. Le 4 juillet, Madame Grondard était abattue à son domicile de Campigny. Le 5 juillet, le jeune Marcel Burel, accusé d'avoir piloté les Allemands dans les bois, était exécuté d'une balle dans la tête et pendu à un poteau indicateur au milieu du bourg de Bourneville.

La Milice de l'Eure anéantie

Le 6 juillet, c'était au tour de Baute, chef départemental de la Milice dans l'Eure nouvellement nommé en date du 18 juin, d'être abattu à Évreux par des résistants FFI alors qu'il était dans la voiture du chef du deuxième bureau de la Milice par ailleurs contrôleur du ravitaillement. Avec eux sont tués le secrétaire et un entrepreneur de travaux publics d'Évreux. Pour Marcel Baudot, l'état-major de la Milice était anéanti : «*la tournure prise par les événements est telle que les miliciens ne s'attardent pas dans le départements et font retraite avant d'avoir pu agir efficacement contre la Résistance.*»

Le 11 juillet, Robert Cottard, cultivateur à Neuville-sur-Authou, était retrouvé par le maire pendu à une barre d'accouplement de deux poteaux télégraphiques situés sur la place du village. Après avoir été exécuté dans la nuit, il avait été pendu. Le commis de perception Boiteux était abattu à Bernay le 13 juillet. Le 20 juillet, cinq personnes s'introduisaient dans la ferme de Gaston Goupil, cultivateur à Émanville : deux d'entre eux tirent cinq balles de revolver et il était tué sous les yeux de sa femme. Le débitant Roger Legras, coupable d'importants trafics avec l'occupant, tombait à Bourneville, le 22 juillet. Disparu depuis le 22 juillet, le corps de Gaston Deshayes était découvert le 31 dans le bois de Mercey : le chef de la Milice de Vernon avait été tué de plusieurs balles et sa gorge «*était affreusement tailladée à coups de couteau.*» Tous étaient accusés de dénonciation à l'ennemi.

L'exécution des pillards se poursuit en parallèle. Ainsi, le 3 août, trois jeunes gens coupables de vol avec menace de mort envers des cultivateurs, étaient exécutés à Bouquelon. Dans son numéro du 5 août, *Le Journal de Rouen* signale une autre exécution à Aizier : le jeune Roger Homo avec un ami rançonnait les paysans, exigeant différentes denrées et notamment du beurre. Le 17 août, un cultivateur du hameau de la Haute Folie à Verneuil-sur-Avre découvrait dans un fossé longeant la route un cadavre dans un état de décomposition avancé. Identifié, c'était celui de Fernand Denis, chef de brigade du PPF à Verneuil-sur-Avre. Il avait été vu pour la dernière fois le 6 août.

Georges Dumont

Georges Dumont alias Georgius, membre du maquis Surcouf, est capturé à Bouquelon par Alie qui le retourne. Il acceptait de conduire les Allemands au poste de commandement du groupe Nicolas. Il faisait tomber sept maquisards lors d'un combat le 6 août avec des SS : quatre sont tués au combat et trois torturés sur place avant d'être conduits à Rouen. Georgius continue de guider les Allemands dans les lieux qu'il connaît, comme un café d'Épaignes. Les arrestations initiées par Georgius sont nombreuses. Le jeune homme blond de 21 ans était abattu par un gendarme le 22 août 1944 lors de la libération d'Évreux.

La mort mystérieuse du comte Béru

Le 24 août 1944, le comte Thibauld Le Court de Béru est exécuté à son domicile par des résistants au lendemain de la libération du Neubourg. Croix de guerre 1914-1918, il avait été fait en janvier 1917 chevalier de la Légion d'honneur du fait de sa conduite héroïque et avoir été grièvement blessé en septembre 1916 ; le comte était devenu maire de sa commune de Cannapeville (Eure) en 1935. Tout naturellement, en juillet 1940, il suivait le maréchal Pétain lors de sa prise de pouvoir. Son adjoint à la mairie de

Cannapeville, président des anciens combattants, dénonçait trois soldats britanniques aux Allemands ; il récidivait en mai 1944 en prévenant la gendarmerie de Louviers de la présence d'une caisse contenant 180 cartouches tombée d'un avion britannique. Selon un rapport des renseignements généraux, à l'annonce du débarquement, Le Court de Béru, Ribourg, son adjoint, le secrétaire de mairie et un autre habitant recevaient des lettres de menaces postées depuis Fontainebleau. Le comte Le Court de Béru a-t-il payé pour les dénonciations et le zèle de son adjoint ?

La gendarmerie du Neubourg menait une enquête qui aboutissait à l'arrestation d'Eugène Boulier, membre d'un groupe de résistants communistes. Le journal *La Défense*, dans son édition du 16 au 22 août 1946, donnait une tout autre version de l'exécution du comte de Béru : « *Pendant l'occupation, M. de Béru, châtelain et maire de Cannappeville, était un hôte assidu de la* Kommandantur. *Il menaçait continuellement ses administrés de les faire déporter en Allemagne et il organisait de superbes parties de chasse réservées à Messieurs les Officiers de la* Wehrmacht *et de la* Feldgendarmerie. *M. de Béru représentait pour tous le type de collaborateur parfait qui remettait aux occupants une liste d'otages en cas de sabotages effectués dans la commune. Individu sans scrupules, il tenta même de faire arrêter et expulser de son logement son garde-chasse, Boulier, père de cinq enfants – le sixième devant naître quelques jours après – qui permettait de soustraire quelques pièces de gibier destinées aux Allemands et d'en faire profiter la population du petit village !* »

Eugène Boulier était également résistant et était chargé à la libération de procéder à des arrestations dont celle du comte de Béru ; celui-ci se serait rebellé et aurait tenté de désarmer son ancien employé. Un des membres du groupe tirait alors à deux reprises et tuait le comte de Béru. Pour le journal, «*la légitime défense est nettement caractérisée.*»

Le 16 novembre 1945, l'affaire était jugée par le tribunal militaire de Rouen. Le résistant auteur des deux tirs était acquitté, mais Eugène Boulier était condamné à cinq ans de réclusion sous le motif de «provocation au meurtre.» Les organisations de la Résistance protestaient contre cette condamnation qu'elles considéraient comme injuste. En revanche la famille du comte de Béru se pourvoyait en cassation considérant que la peine était insuffisante. Le recours en grâce d'Eugène Boulier était rejeté le 20 juin 1946. Le journal *La Défense* menait le combat pour obtenir la libération immédiate d'Eugène Boulier. Cette libération était obtenue à la fin du mois d'août 1946 grâce à l'action du Comité national de défense des patriotes emprisonnés.

L'exécution d'un policier

Parfois une contre-épuration peut s'opérer. Le 17 février 1945, René Jimet, secrétaire de police faisant fonction de commissaire de police à Pont-Audemer, est assassiné par trois hommes habillés en soldats. René Jimet avait réussi à arrêter le responsable de la LVF du Calvados. Faut-il y voir une vengeance? Stéphane Lemercier évoque la piste du maquis Surcouf: «*Celui-ci avait été chargé d'enquêter sur l'assassinat d'une collaboratrice exécutée par les hommes de Leblanc et il leur paraissait trop zélé.*» Cet assassinat était suffisamment grave pour que le commissaire régional de la République Bourdeau de Fontenay assiste à ses funérailles.

Les exécutions jusqu'à la fin de l'année 1945

Commencée en 1943, l'épuration sauvage se poursuit dans l'Eure jusqu'en 1945. Le 10 janvier, un cultivateur de Courbépine était exécuté, tandis que deux grenades étaient lancées dans la vitrine d'une épicerie de Saint-André. Suspectée d'avoir dénoncé des résistants qui furent fusillés par les Allemands, une cultivatrice de Saint-Laurent-des-Bois était blessée le 31 août 1945 par deux balles de mitraillette tirées par deux individus. Le 5 septembre 1945, un cultivateur de Mézières-en-Vexin, qui avait établi des relations avec Jean Luchaire et qui était également un trafiquant du marché noir, était exécuté. Ce même mois, quatre incendies criminels se produisaient dans des fermes. En novembre, trois attaques à main armée, menées par des hommes vêtus d'uniformes américains, étaient opérées contre «*des individus connus comme profiteurs ou collaborateurs*».

4.
Une épuration sauvage discrète dans la Manche

Hormis la honteuse tonte des femmes où la Manche enregistre de nombreux exemples, ce département se caractérise par très peu de cas d'épuration extrajudiciaire. Michel Boivin, louant la modération des Manchots, n'en répertorie que deux !

Originaire de Denneville, Moïse Blanchet était accusé de collaboration pour avoir «*fréquenté de manière assidue les Allemands*» ; il est exécuté à coups de couteau et de marteau par deux habitants de Bolleville. Selon le registre de l'état-civil de cette commune, son décès constaté le 6 août 1944 paraissait remonter à un mois.

L'autre cas est plus curieux. Julien Quémerais présidait la délégation spéciale de Champeaux nommée par le gouvernement de Vichy et avait la réputation d'avoir été un collaborateur notoire. Le 31 juillet 1944, pensant que les Allemands avaient quitté définitivement Champeaux, de jeunes patriotes se rendaient à la mairie pour y installer un drapeau tricolore. Leur avancée était arrêtée par l'arrivée d'une colonne de soldats allemands. Prenant peur, les jeunes déposent le drapeau entre les mains de Julien Quémerais et s'enfuient. Les soldats l'abattent d'une rafale de pistolet-mitrailleur. Selon le rapport du commissaire du gouvernement de la cour de justice d'Avranches en date du 10 mai 1946, Julien Quémerais était «*l'un des plus grands collaborateurs du sud-Manche*». Mais tué par les Allemands, il reçoit la mention «Mort pour la France» et son nom figure sur le monument aux morts de Saint-Lô !

À Buais, suspecté de relations avec les Allemands, un habitant est retrouvé battu à mort dans sa chambre.

La Résistance manchote avait bien tenté d'exécuter Hippolyte Degroote, responsable départemental du PPF, mais sans succès. Marcel Menant, responsable de la résistance saint-loise, témoignait le 17 janvier 1991 : «*Avec plusieurs camarades, j'ai mis au point le plan suivant visant à exécuter Hippolyte Degroote, le chef départemental du PPF. Le coup de feu devait avoir lieu à Saint-Lô, au bas de la route de Carentan, à la mi-février 1944. L'emploi du temps de Degroote était connu avec précision, en particulier ses déplacements en voiture pour se rendre de son domicile à son bureau en ville. Mais alors que tout était prêt pour l'élimination de ce collaborateur redoutable, j'ai demandé à mes camarades d'y renoncer de crainte de représailles sur la population, des prises d'otages.*» Jugé par la cour de justice de Saint-Lô en décembre 1946, Degroote échappait à la peine de mort requise par le commissaire du gouvernement et était condamné à la réclusion perpétuelle.

L'épuration sauvage ne se solde pas toujours par une exécution ; elle se réalise sous la forme d'une telle pression que celui qui y est soumis doit renoncer à son projet. Ainsi à Saint-Lô, un entrepreneur d'origine italienne avait été interné au camp de Tourlaville pour collaboration économique – son chiffre d'affaires étant passé de 400 000 francs en 1940 à 13 millions en 1943-, mais en était libéré en mars 1945. Le mois suivant, il est dénoncé dans un tract comme «*chef du fascio, constructeur du mur de l'Atlantique, marchand de chair humaine*». Apprenant qu'il doit se marier le 4 avril 1945, le comité cantonal de libération rédige un tract où il appelle la population à manifester contre cette union : «*Un marchand de chair humaine se marie demain à Saint-Lô. Retrouvons-nous tous demain, rue du Neufbourg, afin qu'il ne souille pas les dalles de notre hôtel de ville*». Au jour prévu, quelques centaines de Saint-Lois se pressent devant la mairie. *La Manche Libre* du 8 avril 1945 signale que des manifestants se sont munis de «*sifflets, d'autres lui promettent une bonne frottée*». Afin d'éviter que la manifestation dégénère, le sous-préfet annule le mariage.

Nettement moins violente, une épuration sommaire s'effectue par voie d'affiche. Mécontents de la lenteur de la mise en œuvre de l'épuration, certains décident de se faire justice eux-mêmes. Dans la nuit du 28 au 29 septembre 1944, une grenade est lancée dans une épicerie de Champeaux (Manche) : le propriétaire, soupçonné d'avoir adhéré au MSR, passait quelques mois plus tard devant la cour de justice de Coutances et était condamné à cinq ans de prison. À Avranches, dans la nuit du 4 au 5 octobre 1944, une quarantaine de devantures de commerces et de portes d'immeubles sont recouverts de croix gammées. Les mêmes agissements se reproduisent à Sartilly, à Genêts et à Montviron. Le commandant de gendarmerie de Sartilly considère ces actes comme des «*tracasseries*», mais recommande de «*faire interner les collaborateurs les plus notoires*». En février 1945, une centaine d'habitants de Saint-Lô manifestent contre la réouverture d'un salon de coiffure : son propriétaire, membre du P.P.F, était condamné quelques semaines plus tard à la dégradation nationale à vie par la chambre civique de Cherbourg.

La voiture après l'attentat contre L. Laplanche (lire p. 20).
(AD du Calvados.)

F. Margueritte (lire p. 22).
(Coll. particulière.)

Exécution du gendarme Bonier.
Journal de Rouen, 3 avril 1944
(lire p. 24). (AD de Seine-Maritime.)

Près de Condé-s'-Noireau
Un gendarme est tué au cours d'un engagement avec des terroristes

Tombe de L. Brière
(lire p. 32). (Y. L.)

LE NEUBOURG
Un agent d'affaires est abattu à coups de revolver

Exécution de R. Legrand. *Journal de Rouen*, 4 juin 1943 (lire p. 46). (AD de Seine-Maritime.)

LOUVIERS
Un représentant en liquides de St-Cyr-du-Vaudreuil est victime d'un attentat terroriste

Exécution de E. Capelle. *Journal de Rouen*, 13 décembre 1943. (lire p. 48). (AD de Seine-Maritime.)

LA LIBERTÉ NE SE REÇOIT PAS
ELLE SE CONQUIERT.

Le N° 20 fr

ance de la France   Janvier 1944

EUGENE CAPPELLE
DIT VON CAPPELLE
DE SAINT CYR DU VAUDREUIL

Condamné à mort en vertu de l'article 76 du code pénal par le comité départemental du FRONT NATIONAL pour crime de haute trahison, intelligence avec l'ennemi.

A ÉTÉ EXECUTE A LOUVIERS LE 10 DECEMBRE 1943.

D'autres sont condamnés. Ils seront impitoyablement supprimés.

Ainsi seront exécutés tous ceux qui dénonceront ou chercheront à dénoncer les patriotes.

MORT AUX TRAITRES
POUR QUE VIVE LA FRANCE.

Exécution de E. Capelle (lire p. 48). (*Le Patriote de l'Eure*, cité par J. Papp.)

A La Ferrière-sur-Risle (Eure)
Le président de la délégation spéciale est abattu de trois balles de revolver

Exécution de F. Veber. *Journal de Rouen*, 26 janvier 1944 (lire p. 49). (AD de Seine-Maritime.)

Exécution de V. Morris et de la famille Bailleul. *Journal de Rouen*, mai 1944 (lire p. 50). (AD de Seine-Maritime.)

Exécution de L. Deuve. *Journal de Rouen*, 27 janvier 1944 (lire p. 49). (AD de Seine-Maritime.)

Un ouvrier agricole de Saint-Etienne-l'Allier avait disparu
On le retrouve pendu au clocher

EURE
Six personnes disparaissent mystérieusement entre Beuzeville et Neuilly-sur-Seine

> **Un entrepreneur de Saint-Pierre-de-Cormeilles et sa femme sont trouvés assassinés dans un fossé**

Exécution des époux Pietralunga. *Journal de Rouen*, 29 juin 1944 (lire p. 53). (AD de Seine-Maritime.)

Exécution de M. Bure. *Journal de Rouen*, 12 juillet 1944 (lire p. 55). (AD de Seine-Maritime.)

> **A Bourneville un jeune homme est tué d'une balle de revolver et pendu à un poteau indicateur**

Exécution de l'Abbé Gamard. *Journal de Rouen*, 8 juillet 1944 (lire p. 55). (AD de Seine-Maritime.)

> **Le curé de Toutainville est tué de deux balles dans la tête**

> **NEUVILLE-SUR-AUTHOU Assassiné puis pendu à un poteau télégraphique !**

> **Trois jeunes gens sont tués à coups de revolver à Bouquelon**

Exécution de R. Cottard. *Journal de Rouen*, 21 juillet 1944 (lire p. 56). (AD de Seine-Maritime.)

Exécution de trois trafiquants. *Journal de Rouen*, 5 août 1944 (lire p. 56). (AD de Seine-Maritime.)

Exécution de F. Denis. *Journal de Rouen*, 19 août 1944 (lire p. 57). (AD de Seine-Maritime.)

> **EURE**
> **Le banditisme**
> **Dans un bois de Mercey on découvre le corps du chef de la Milice de Vernon**

> **Un chef du P.P.F. est assassiné à Verneuil-sur-Avre**

Exécution de G. Deshayes. *Journal de Rouen*, 9 août 1944 (lire p. 56). (AD de Seine-Maritime.)

SOUVENEZ-VOUS DANS VOS PRIÈRES
DE
Joseph - Louis - Etienne
Comte Thibauld LE COURT de BÉRU
CHEVALIER DE LA LÉGION D'HONNEUR
CROIX DE GUERRE 1914-1918
Tué le 24 Août 1944, à l'âge de 55 ans

J'espérais voir le lendemain, Seigneur, et vous avez tranché mes jours entre un soir et un matin. *(Isaïe.)*

Ce qui fait l'homme, c'est son cœur. Son cœur a été dévoué pour tous. Il fut bienveillant et bon envers ceux qui l'approchaient, une bonne action, un service à rendre ne lui pesaient jamais. *(Saint Augustin.)*

Il a lutté sans trêve et sans peur pour l'ordre, pour la paix sociale, pour la liberté et pour la Patrie.

Je meurs, mais ma tendresse pour vous ne meurt pas. Je vous aimerai dans le Ciel comme je vous ai aimés sur sur la terre. *(Saint Jean Berchmans.)*

Reine du Très Saint Rosaire, priez pour nous !
Sainte Thérèse-de-l'Enfant-Jésus, priez pour nous !

Le Court de Béru (lire p. 57). (Doc. Lemarchand.)

PRÈS D'ALENÇON

Le colonel DANLOUX
ancien grand écuyer de Saumur
est abattu par des bandits

Exécution de P. Danloux. *Journal de Rouen*, 16 décembre 1943 (lire p. 67). (AD de Seine-Maritime.)

Exécution de M. Tessier (lire p. 72). (AN SRS Rouen.)

Jean Laronche (lire p. 75).
(J. Quellien, J. Vico, *Massacres nazis en Normandie*.)

J. Laronche et J. Martine (lire p. 75).
(André Mazeline, *Clandestinité*.)

L'Agglomération Rouennaise

Deux terroristes blessent grièvement la femme d'un pharmacien de Grand-Quevilly

On pense qu'il s'agit d'une vengeance communiste

Exécution de Y. Ricou. *Journal de Rouen*, 27 janvier 1943 (lire p. 84). (AD de Seine-Maritime.)

LE HAVRE
Le Docteur Robert Sujet victime d'un attentat

Un cycliste tire sur lui quatre coups de feu et prend la fuite

Exécution de R. Sujet. *Journal de Rouen*, 23 juillet 1943 (lire p. 84). (AD de Seine-Maritime.)

SEINE-INFÉRIEURE

RY

Un garde particulier est trouvé assassiné dans un bois

Exécution de R. Bernard. *Journal de Rouen*, 11 octobre 1943 (lire p. 85). (AD de Seine-Maritime.)

ELBEUF
Deux cyclistes blessent à coups de revolver le délégué local de la L. V. F. et un jeune ouvrier

Attentat contre E. Coffany. *Journal de Rouen*, 12 novembre 1943 (lire p. 86). (AD de Seine-Maritime.)

5.
L'Orne

La mise en place d'un système policier par Richard Reinhardt alias Hildebrandt, chef de l'antenne du *Sipo-SD* d'Alençon, s'appuyant sur la bande française de Bernard Jardin, va terriblement atteindre la Résistance ornaise : plus de 300 arrestations suivies de fusillades ou de déportations. Le Résistance se devait de répliquer en tentant d'éliminer les plus dangereux, à commencer par Bernard Jardin. Plusieurs tentatives échouèrent : ainsi Robert Lebreton et ses amis résistants montent une embuscade dans le secteur de Briouze ; Jardin venait régulièrement à la laiterie pour réquisitionner du beurre et du fromage : « *malheureusement, il devait, au dernier moment, modifier son itinéraire et échapper ainsi au châtiment qui l'attendait.* » D'autres n'eurent pas la chance de Bernard Jardin et tombèrent sous les balles des résistants. Le premier semestre 1944 voyait de nombreux assassinats perpétrés dans les campagnes ornaises, mais la grande majorité était purement criminelle. Quelques attaques contre des gendarmes jugés trop serviles étaient également organisées.

Edgar Zaëpffel

Le 17 juillet 1943, Edgar Zaëpffel, médecin à Briouze et fils d'un conseiller à la Cour d'appel de Caen, âgé de 34 ans, était abattu de quatre balles de revolver alors qu'il se rendait en motocyclette à Tourailles pour visiter un malade; le responsable du *Francisme* de l'Orne était retrouvé mort près de sa moto. Son beau-frère était alors chauffeur et garde du corps de Marcel Bucard, chef du parti Franciste: ce dernier se déplaçait pour les obsèques. Dans son numéro du 23 juillet 1943, *Le Journal de l'Orne* parlait d'odieux attentat et de crime politique: «*Le crime a été commis à un peu plus d'une centaine de mètres de la Communauté de Saint-Gervais. L'assassin posté sur le côté gauche de la route, en direction des Tourailles, avait bien choisi son endroit, dans une légère dépression de la route, sans la moindre habitation en vue. Quand le docteur Zaëpffel arriva à sa hauteur, il tira sur lui quatre coups de son revolver automatique 7m/m65. Une première balle atteignit le médecin à la cuisse, une autre lui traversa le corps, les deux autres se logèrent dans la tête. Le docteur Zaëpffel vint s'abattre dans le fossé droit de la route, tandis que sa moto se renversait quelques mètres plus loin. Ce n'est que 30 minutes environ après l'attentat que le corps de l'infortunée victime fut découvert.*» Après la libération, cet attentat est revendiqué par le groupe résistant MOI-FTP de Sées, Saint-Clair-de-Halouze et Ger.

Le 3 novembre 1943, Julien Serre, cultivateur, âgé de 72 ans, délégué à l'information et à la propagande du canton d'Athis est victime d'un attentat par explosif contre sa maison. Le 28 janvier 1944, six coups de feu sont tirés dans sa direction, mais il n'est pas touché.

Pierre Danloux

Le mardi 14 décembre 1943, le colonel Pierre Danloux, délégué à la propagande de son canton dans l'Orne, responsable local du Secours national et de la Corporation paysanne, était enlevé par deux personnes dans son château des Tourelles et exécuté.

Dans son édition du 17 décembre 1943, *Le Journal de l'Orne* titrait «*Près d'Alençon, un colonel en retraite est abattu à coups de mitraillette et emporté en auto.*» Il développait ensuite les circonstances : «*La paisible commune de Forges, à huit kilomètres d'Alençon, vient d'être le théâtre d'un acte de banditisme. Mardi vers 19 heures, deux individus, paraissant jeunes et arrivés en automobile, se présentaient au château des Tourelles, habité par le colonel en retraite Danloux, 65 ans, ancien grand écuyer à l'école de cavalerie de Saumur, et demandaient à lui parler. À peine avait-il reçu les inconnus que M. Danloux était frappé de plusieurs coups de matraque, ce qui ne l'empêcha pas d'opposer une vive résistance. Au bruit de la lutte, Mme de la Garenne, âgée de 86 ans, belle-mère du colonel, accourut à son secours. Un coup de matraque assomma littéralement la malheureuse. Comme M. Danloux résistait toujours aux coups de matraque, les bandits lui tirèrent à bout portant une rafale de mitraillette dans le corps. Puis transportant la victime inanimée, ils la mirent dans leur voiture et s'enfuirent dans une direction inconnue.*» Selon l'édition de Rennes du 16 décembre 1943 de *l'Ouest-Éclair*, la générale de la Garenne aurait été assommée à coup de poings. Selon ce journal, «*Le colonel, qui avait été sérieusement blessé et perdait son sang en abondance, fut immédiatement transporté et hissé dans la voiture qui partit aussitôt sans que l'on puisse préciser la direction.*» Les auteurs de cet attentat avaient au préalable coupé le fil téléphonique du château. La gendarmerie et la police d'Alençon enquêtaient sans résultat.

Selon le rapport du commissaire de police, il était surnommé le « colonel Boche », tant il incitait les jeunes à partir travailler en Allemagne : selon le commissaire de police, il « *ne se cachait pas pour dire qu'au cas où il connaîtrait le refuge d'un réfractaire, il ne se gênerait pas pour aller le trouver et essayer de le ramener… dans le droit chemin* ». Son corps est ensuite retrouvé dans la Sarthe voisine.

Ce colonel avait été premier écuyer du cadre noir de Saumur de 1929 à 1933. Âgé de 65 ans ; cet ancien saint-cyrien était officier de la Légion d'honneur.

Émile Lechat

Le samedi 22 janvier 1944, un attentat était organisé par la Résistance à Vimoutiers contre Émile Lechat, membre du Parti Populaire Français qui venait d'être nommé délégué départemental de la Légion des Volontaires Français contre le Bolchevisme dans l'Eure. Ancien combattant 1939-1940, il était titulaire de la Croix de guerre. Il avait été employé à la mairie d'Alençon, mais avait demandé un congé illimité en 1943.

Le Journal de l'Orne racontait : « *M. Lechat venait d'arriver samedi soir à Vimoutiers par le car de Lisieux et il se dirigeait aussitôt vers une maison de la rue du Bief. Au moment même où il ouvrait la porte, un coup de feu retentit derrière lui et il s'écroulait dans l'entrée grièvement blessé d'une balle de revolver au côté.* »

Deux résistants FTP d'Argentan l'attendaient et lui tiraient dessus quand il venait dîner chez des amis : grièvement blessé, il était transporté à l'hôpital d'Argentan où il décédait dans la nuit. *Le Journal de l'Orne,* dans son numéro du 28 janvier 1944, soulignait que «*cette lâche agression a été sévèrement commentée dans tout le département*». *L'Ouest-Éclair,* dans son édition du 24 janvier, indiquait brièvement qu'«*un délégué de la LVF était victime d'un attentat.* »

Engagé dans le Résistance, le gendarme Pierre Annic était un des premiers à effectuer les constatations d'usage. Il retrouvait la douille du pistolet et la subtilisait afin de contrarier l'enquête de la police judiciaire de Rouen. Il décédait le 14 juin 1944 sous les bombardements de Vimoutiers.

Louis Dauvé

Le 17 février 1944, Louis Dauvé, alias Gilles Normand, était victime d'une tentative d'attentat à Vieux-Pont, près d'Écouché. Une seule balle parmi les trente qui étaient tirées touche sa pipe. *L'Ouest-Éclair,* dans l'édition de Caen du 22 février, précisait : «*Grâce à son esprit de décision, le littérateur ne fut pas blessé et ses assaillants prirent la fuite non sans avoir tenté une dernière fois de l'atteindre.* » Louis Dauvé répliquait avec son pistolet 6.35 et blessait un de ses agresseurs. Son fils Roland était délégué à l'Information et à la Propagande du département de l'Orne.

Deux agents du *Sipo-SD* d'Alençon – un Français et un Allemand – étaient dépêchés pour enquêter : huit jeunes réfractaires et maquisards étaient arrêtés les 4 et 5 mars. Ce mauvais poète glorifiait ainsi le *Führer* :

> *Hitler, conducteur magnanime,*
> *Toi qui tends la main au vaincu*
> *Bientôt l'univers unanime*
> *Mais tardivement convaincu*
> *Te fêtera par des apothéoses*

Famille Le Hongre

Se livrant à un actif marché noir, mais s'étant également montrés accueillant pour les Allemands, trois membres de cette famille de Mesnil-Hubert – la grand-mère, sa fille et son petit-fils – étaient assassinés à coups de revolver dans la soirée du 27 au 28 avril 1944.

Gabriel Morineau

Gabriel Morineau, ingénieur des travaux publics de l'État, était le responsable départemental du Mouvement Social Révolutionnaire (MSR) dont la devise était «Aime et sers», mais aussi délégué cantonal de la Légion des Volontaires Français contre le Bolchevisme, membre du Comité Ouvrier de Secours Immédiat et du comité directeur départemental du Front Révolutionnaire

National, cette tentative sans lendemain de regroupement des partis collaborationnistes. En 1939, il avait convié les habitants de Carrouges dans une salle de la mairie, pour leur faire écouter un discours d'Adolf Hitler.

Condamné à mort par la Résistance, cet ardent collaborateur était le maître à penser de Bernard Jardin, responsable des auxiliaires ornais du *Sipo-SD*. Léon Charbonnel, membre du BOA de Tanville, recevait l'ordre d'André Mazeline, chef départemental des FFI, de supprimer Gabriel Morineau. N'ayant pas réussi à éliminer Bernard Jardin, le chef des auxiliaires français du *Sipo-SD* de l'Orne, Mazeline décidait de le toucher indirectement en éliminant son maître à penser. Morineau était exécuté par trois résistants près du bourg de Carrouges : Charbonnel, Robbes et Mollin. Marcel Mollin, revêtu d'un uniforme de l'organisation Todt, accostait Morineau et l'entraînait vers un endroit discret où il accomplissait sa mission. Une ambulance allemande, prise de guerre des résistants, évacuait les trois résistants ; le corps de Morineau était retrouvé par un cantonnier.

Le 27 juin 1944, Bernard Jardin et Moessner, membre du *Sipo-SD* d'Alençon, passaient à Écouché voir Charles Goulard, membre du RNP et agent de renseignement. Ils voulaient trouver ces maquisards qui avaient exécuté le 26 juin Gabriel Morineau. Le résistant Marcel Mollin, un Mosellan déserteur de l'armée allemande, était trouvé porteur de l'ordre d'exécution de Gabriel Morineau ; ce document suffisait à Jardin qui l'exécutait et déclarait : « *Morineau est vengé* ». Lors de son interrogatoire, le 28 novembre 1945, Jardin reconnaît ce meurtre : « *J'ai tué moi celui qui avait exécuté Morineau, Bertaux et les Allemands les autres* ». Ce 28 juin 1944, Bernard Jardin était devenu un tueur.

Le 26 juin 1944, une tentative d'assassinat visait l'inspecteur de police André Clout : trois personnes tiraient sur lui, mais il s'en sortait.

Maurice Tessier

Au printemps 1944, Bernard Jardin prenait la direction du groupe Action à la demande de Hildebrandt, responsable de l'antenne du *Sipo-SD* d'Alençon et d'Henri Dangerville, secrétaire départemental du PPF, et commençait le recrutement de ses hommes de main. Le premier noyau était formé de membres du Parti Populaire Français : Henri Dangerville, Auguste Haquin, Roger Lotti, Valerian Bogdanoff, russe naturalisé et ancien communiste, Gaston Tizon, Daniel Blaise, André Chucherie, ancien camelot du roi de l'Action Française, Ladislas Goniewicz, chef des Gardes françaises, et Maurice Tessier. Ils appartenaient au Groupe d'action et de justice sociale du PPF et suivaient une formation militaire à la caserne Mortier à Paris. Sur une liste saisie chez Henri Dangerville figuraient les noms de Lotti, Bogdanoff, Tizon, Giroux, Haquin, Bothereau, Blaise et Pierre Huet. Tous effectuaient un stage de douze jours du 15 mars au 1er avril 1944 à Taverny, qui pouvait être complété par un second à la caserne Mortier ; ils étaient vêtus d'un treillis et coiffés d'un calot allemand. À la fin du stage, ils recevaient une carte de police spéciale blanche portant la mention « Sûreté allemande ». Maurice Tessier participait au stage, mais n'eut guère le temps de mettre en œuvre ce qu'il a appris, ayant été exécuté par des résistants le 24 avril 1944.

La famille Tessier exploitait la ferme de Louvigny à Ferrière-la-Verrerie. Maurice Tessier était abattu dans la nuit du 24 au 25 avril 1944 : il était accusé d'avoir dénoncé des réfractaires au S.T.O ; avec lui, étaient également abattus ses parents Pierre et Marthe, son frère Henri, sa sœur Madeleine et deux employés Léontine Bignon, sœur de Pierre Tessier, et Szalana Tenenbaum. Le fils âgé de 12 ans échappait à l'exécution, étant logé chez des voisins. L'édition de Caen de *l'Ouest-Éclair* du 27 avril 1944 titrait : «*Des bandits tuent sept personnes dans une ferme dans l'Orne.*» L'article nommait les victimes et indiquait qu'une importante somme d'argent aurait été dérobée, mais ne précisait pas l'engagement politique de Maurice Tessier. *Le Journal de l'Orne* publiait d'abord un court article le 28 avril, sous la rubrique «*Le terrorisme dans la région*» et titré «*Près d'Alençon, une famille de sept personnes est assassinée.*» Il était plus prolixe titrant un article en première page, dans son édition du 5 mai, «*Le terrorisme dans toute son horreur.*» Selon lui, trois des victimes appartenaient au PPF : «*Il s'agit bien d'un crime politique commis par un «groupe de «résistance» que les anglo-gaullistes qualifient de «groupe de patriotes»! Ces meurtres ont provoqué la plus vive indignation dans notre région, d'autant plus que, parmi les pauvres victimes, figurent de jeunes enfants et des femmes.*» Après avoir mentionné un autre attentat commis dans l'Isère, *Le Journal de l'Orne* concluait : «*Voilà la mentalité de ces soi-disant "patriotes" qui travaillent pour le compte de De Gaulle. N'y a-t-il pas de quoi révolter tous les vrais Français dignes de ce nom!*»

Lors de l'inhumation de la famille Tessier, le ban et l'arrière-ban du PPF se pressait : Barthélémy, secrétaire général, Canobbio, membre du Directoire, Duquay, secrétaire fédéral de l'Eure, Minier, inspecteur régional, Dangerville, secrétaire fédéral de l'Orne, Cocar, chef du service d'ordre de l'Orne et deux membres,

Bogdanoff et Goniewicz, par ailleurs agents du *Sipo-SD* d'Alençon. Le lieutenant Staadt, chef de la *Propaganda Staffel* de l'Orne, représentait le *Feldkommandant* de l'Orne. Un service d'ordre de seize gendarmes surveillait les obsèques. Le représentant régional du Parti Populaire Français déclarait : «*vous, paysans de l'Orne..., je voudrais que vous vous rendiez compte que la menace pèse sur vous*». L'exécution des autres membres de la famille et des deux employés était toutefois difficilement justifiable. Ce qu'exprime Philippe Bourdrel : «*La soif de justice n'est pas une excuse. Quand on emploie les mêmes moyens que les assassins, on perd tout droit à les condamner*».

Émile Buffon

Dans la soirée du 16 juin 1944, Émile Buffon, maire de Joué-du-Plain et maquignon de profession, était assassiné dans son village natal au lieu-dit La Harlière. Menée très rapidement, dès le soir même, l'enquête de la gendarmerie mettait trop rapidement en cause ses neveux René et Jean, fils de son frère Georges avec qui il était fâché, neveux qui étaient par ailleurs membres du réseau Action plan Tortue de Jacques Foccart. Émile Buffon était suspecté d'avoir dénoncé aux Allemands un dépôt d'armes dans une fromagerie. Comme le souligne Stéphane Robine, «*persuadée que la « fuite » emmenant la descente allemande à la Motte n'a pu venir que d'Émile Buffon, la Résistance le condamne à mort le 11 juin 1944 au cours d'une réunion organisée en présence d'une dizaine de personnes dans une grange de la ferme du Metz.*» Émile Buffon se savait menacé, ayant reçu de petits cercueils et des têtes de mort. Il était exécuté d'une rafale de pistolet-mitrailleur

Sten par deux hommes résidant dans une ferme appartenant à Georges Buffon ! Stéphane Robine cite le compte-rendu d'activité du résistant Paul Grenier daté du 27 février 1945, rapport qui nomme l'exécuteur, l'agent Sidéral, instructeur arrivé de Londres en mai ; celui-ci indiquait dans son rapport que « *le collaborateur Émile Buffon a donné à la Gestapo notre plus important dépôt d'armes.* » Selon le témoignage d'Henri Tournet, son exécution aurait été décidée par Jacques Foccart qui assistait à la réunion à la ferme du Metz. La fausse accusation était établie dès 1946 : sur les 17 témoins entendus par la gendarmerie, tous étaient convaincus de l'innocence d'Émile Buffon « *dont en définitive la Résistance n'a jamais fourni la preuve de la culpabilité.* » En 1994, le secrétaire de la mairie de Rânes reprenait l'enquête et démontrait qu'Émile Buffon ne connaissait nullement l'existence de ce dépôt d'armes et que, de surcroît, il avait caché une petite juive en 1942. La haine féroce que lui vouait son frère Georges s'était terminée par l'exécution d'Émile sous couvert d'épuration, sans doute avec la complicité de Jacques Foccart, dont l'exploitation forestière, située à La Forêterie, était voisine. Déjà le 27 avril 1944, Roger Leguerney, contremaître de l'entreprise de Jacques Foccart, était mystérieusement assassiné près de Joué-du-Plain.

Jean Laronche et Joseph Martine

Jean Laronche et Joseph Martine appartenaient au Centre d'informations et de Renseignements créé par l'âme noire de la collaboration dans le Calvados, Julien Lenoir. Jeunes, ils s'infiltraient facilement dans les réseaux de Résistance en se faisant passer pour des réfractaires au Service du Travail Obligatoire.

Jean Laronche, âgé de 24 ans, sans profession, se livrait à des larcins, ce qui lui valut d'être condamné en 1934. Demeurant rue du Gaillon à Caen, Laronche avait orné sa chambre d'un grand portrait d'Adolf Hitler. Ce nazi fanatique, membre du PPF, se faisait remarquer par son extrême brutalité lors des interrogatoires, au point que ses collègues le surnommaient «*le bourreau de la Gestapo.*» Homme de confiance du *Sipo-SD*, il avait en charge la surveillance de son chef, Raoul Hervé ! Il était spécialiste de l'infiltration, se faisant passait pour résistant ou réfractaire au STO. Ainsi Jean Laronche confondait le réseau OCM de Caen dont Roland Vico, maire de Saint-Germain la Blanche Herbe, arrêté le 16 décembre 1943. Originaire de Vieux-Fumé, Joseph Martine était connu de la gendarmerie locale pour des affaires de marché noir.

Le 20 juin 1944, Jean Laronche et Joseph Martine étaient envoyés pénétrer un maquis ornais, mais ils n'en revinrent pas. Á l'annonce du débarquement du 6 juin, la bande à Hervé quittait Caen pour rejoindre l'Orne où elle se mettait au service du *Sipo-SD* de l'Orne. Ils prétendaient être membres du réseau… Hervé ! Laronche et Martine étaient repérés dans un café de la Perdrière près de Boucé par des résistants : ils étaient identifiés grâce à la bicyclette qu'André Mazeline avait abandonnée après le combat de Lignières-la-Doucelle, puis par leurs armes et leurs papiers compromettants quand ils étaient arrêtés : l'un des deux portait sur lui sa feuille de paie du *Sipo-SD*. « *Il s'agit de Laronche (28 ans, petit brun, allure de voyou) et Dourdine*, (en réalité Martine), *20 ans, grand blond, un air de matamore, agents du* SD *d'Alençon.* » Il se trouvait que le général Allard, commandant les FFI de la région M4 comprenant l'Orne, la Mayenne et la Sarthe, était en tournée d'inspection. Jugés par un conseil de guerre improvisé, présidé par le général Marcel Allard, Laronche et Martine étaient condamnés à mort et fusillés par un groupe de résistants dont André Mazeline et Étienne Panthou.

André Mazeline publiait un communiqué appelant à «*abattre sans pitié tous les agents de la* Gestapo, *les traîtres, les mouchards. Ceux qui sont à la solde du Boche doivent payer de leur félonie. C'est une mesure de sécurité pour nous tous. La terreur est le seul moyen d'imposer le silence aux délateurs. Les exécutés ne nuiront plus. Les autres n'oseront parler.*» Le message est clair : Jardin et les siens étaient prévenus.

Jacques Billonnet

Yves et Jacques Billonnet appartenaient à la Résistance ornaise, mais grâce à l'habileté de Bernard Jardin, le responsable français des auxiliaires du *Sipo-SD* d'Alençon, ils passaient à son service. Ainsi retournés, les frères Billonnet deviennent d'utiles indicateurs pour Jardin et la police allemande. Retrouvé par des résistants, Jacques Billonnet est abattu d'une rafale de mitraillette à Mieuxcé le 5 juillet 1944. Son retournement lui avait valu d'être recruté comme employé du service départemental de la main d'œuvre, puis employé de bureau du commissariat général d'action sociale pour les Français travaillant en Allemagne. Son frère Yves fut capturé et condamné à mort par la cour de justice de l'Orne, mais sa peine était commuée en travaux forcés à perpétuité.

Le 6 juillet 1944, Savinien-Caprais, agent de renseignement du *Sipo-SD* d'Alençon avec un métier de couverture comme contrôleur spécial du contrôle économique, essuyait deux tirs à Saint-Céneri, mais sans conséquences. Le 16 août 1944, un jeune homme mineur auteur d'une dénonciation est exécuté à Saint-Clair-de-Halouze.

François Van Aerden

Ce vice-consul de Belgique au Havre s'était réfugié à Rânes en 1940. Pratiquant la langue allemande, ce flamand était embauché dans l'entreprise d'exploitation de bois sise à La Forêterie au nord-est de Rânes créée par Jacques Foccart et Henri Tournet en 1941. Le bois était destiné à la production de charbon de bois pour les véhicules à gazogène. En 1942, par l'entremise d'un collaborateur travaillant pour Todt, Georges Desprez, l'entreprise se mettait à travailler avec les Allemands pour fournir l'organisation Todt. C'est à ce moment que François Van Aerden était engagé comme interprète de l'organisation Todt à La Forêterie. Au moment de la bataille de Rânes, François Van Aerden était menacé, mais refusait de s'enfuir. Sa maison était détruite lors d'un bombardement, mais il était relogé dans une famille. Le 29 août, la veuve de Georges Buffon venait avec deux jeunes résistants du groupe de Jacques Foccart pour désigner la maison où François Van Aerden avait trouvé refuge. Il était enlevé dans la nuit du 31 août au 1er septembre et exécuté de plusieurs balles le jour même dans la carrière de Villeneuve à Lougé-sur-maire, à quelques trois kilomètres de Rânes. Certains firent courir le bruit qu'il avait été à l'origine d'une dénonciation alors qu'il faisait embaucher des jeunes gens chez Todt pour leur éviter d'aller travailler en Allemagne.

Il semble qu'à l'époque beaucoup de personnes connaissaient les assassins de François Van Aerden, mais tous se turent par crainte de représailles. L'enquête du Contrôle économique de l'Orne en 1946 établissait que Tournet, Foccart et Desprez « *se sont livrés à un commerce intense avec les Allemands.* » Le Comité de confiscation des profits illicites de l'Orne classait cette affaire sans suite. Une enquête tardive de la police judiciaire de Rouen, menée en 1953 par l'inspecteur Bolloch, concluait que Jacques Foccart et Henri Tournet étaient les bénéficiaires de l'exécution de Van Aerden, témoin gênant des activités commerciales entre l'entreprise forestière et l'organisation Todt. Sa conviction intime était que MM. Foccart et Tournet « *avaient pu avoir intérêt à supprimer ou à faire supprimer un témoin par trop au courant d'activités pro-allemandes peu en rapport avec leur nouvelle situation.* » Cette conviction est confirmée par le rapport du commissaire Refus, de la police judiciaire de Rouen : « *Van Aerden avait pu être supprimé du fait qu'en sa qualité d'interprète de la Todt, il était certainement au courant de nombreux et importants trafics qui avaient eu lieu avec les Allemands... Simplement par le fait de leurs activités commerciales avec les Allemands, Foccart et Tournet se trouvaient fâcheusement compromis et le témoignage de Van Aerden n'aurait pu qu'aggraver considérablement leur situation, puisqu'il aurait permis d'évaluer tous les profits réalisés par eux, de 1942 à la Libération. De plus, en dehors de ces profits illicites, il semble que Foccart et Tournet se soient livrés à certains trafics avec la complicité de soldats et d'officiers de la Todt.* » Frédéric Turpin et Pierre Péan, témoignent de cette hypothèse. L'affaire finit par un non-lieu en 1955. Bizarrement, ainsi que le note Pierre Péan le dossier d'instruction de l'affaire Van Aerden a disparu. Devenu un homme très influent, Jacques Foccart a toujours nié toute implication dans cette affaire, mais il semble que la réputation sulfureuse de Jacques Foccart a pris naissance dans l'Orne en 1944. Jean-François Miniac juge que «*l'homme est double, résistant et collaborateur économique.*» André Mazeline, responsable départemental des FFI de l'Orne, apporte en 1947 un jugement beaucoup plus sévère: «*Primitivement M. Foccart ne semblait nullement destiné à une aussi rapide et glorieuse fortune... Aussi les agissements de M. Foccart, en septembre 1944, n'ont-ils abusé personne parmi les FFI lorsqu'il revendique pour son compte personnel le bénéfice d'une action qu'il n'avait ni montée, ni réalisée, ni dirigée et lorsqu'il a incorporé à son Réseau des déportés et des morts qui étaient avant tout et seulement des FFI.*»

L'affaire Émile Bellanger

Le 1er février 1944, en fin d'après-midi, Émile Bellanger était exécuté par trois hommes dans un bois près de Saint-Gervais-des-Sablons, au lieu-dit La Pallière. *Le Nouvelliste de l'Orne* et *Le Réveil Percheron réunis* relataient ce fait divers tout en se demandant s'il n'y avait pas eu une erreur sur la personne. À cette époque, les gendarmes avaient conclu à une méprise et savaient que c'était Louis Gontier qui était visé.

Menant une enquête dans le cadre du recensement des victimes civiles en Normandie, Jean Ressencourt perce le mystère en 1991. Le 4 juillet 1943, une forteresse volante américaine s'écrase près de Saint-Laurent; après avoir sauté en parachute, les aviateurs étaient recueillis par des membres du Bureau des Opérations Aériennes. Louis Gontier et un témoin récupéraient un aviateur et cachaient le parachute dans une haie, et cela avec la complicité tacite de deux gendarmes. Des Allemands menaient une enquête et interrogeaient le jeune beau-frère de Louis Gontier qui dénonçait uniquement le témoin ; affolée, sa mère se rendait à la *Kommandantur* d'Alençon pour dénoncer Louis Gontier et le témoin. Tous les deux étaient arrêtés, mais Gontier était relâché dès le lendemain. Jugé le 16 février 1946 par la Cour de justice de l'Orne, Gontier avouait avoir reçu deux mille francs en échange de la livraison de 17 noms de résistants dont un certain nombre mouraient en déportation. Revenu dans la région de Sées, Gontier échappait à un attentat en novembre 1943. Le 16 février 1946, il était condamné à mort par la cour de justice d'Alençon, peine qui fut commuée en travaux forcés à perpétuité. Après quelques années de prison, il était amnistié et libéré.

Au cours de l'audience, le nom de Bellanger ne fut aucunement évoqué. Ne connaissant ni Bellanger, ni Gontier, les trois résistants avaient exécuté un ouvrier agricole occupé à faire du bois : âgé de 33 ans, père de trois enfants, Bellanger est une victime par erreur de l'épuration sauvage.

Pour ce département, Gérard Bourdin signale près de 10 agressions en 1946 et en 1947. Un membre de la Corporation paysanne, délégué à la propagande et ami de Pierre Laval, déjà victime de deux attentats, est tué à la fin de l'année 1946 par une explosion survenue dans un des bâtiments de sa ferme à Athis. Un café subit un attentat à l'explosif : son propriétaire avait été condamné par la chambre civique du Calvados. En 1946, à Bagnoles-de-l'Orne, deux résistants déposaient une bombe au domicile d'une femme qui était compromise dans la rafle d'Argentan en mai 1944. Elle survivait à l'explosion, mais sa maison était complètement détruite. L'historien ajoute que sept agressions avaient lieu en 1947 dues «*pour deux des cas au marché noir, pour cinq autres cas aux rancœurs dues à la collaboration et aux dénonciations*».

6.
La Seine-Maritime

Ce département est le premier à recevoir le *Sipo-SD* avec l'installation d'un *Kommandeur* à la fin de l'année 1941 ; il est également le premier à voir un inspecteur de police se mettre délibérément au service des nazis dès 1941. Louis Alie se montre très actif pendant trois ans dans sa traque des résistants et des réfractaires STO : au moins deux cents arrestations lui sont attribuées. La Résistance senomarine tente à plusieurs reprises de l'abattre, mais en vain. Ainsi il échappe à des embuscades des maquis FTP près de Dieppe en novembre 1942, à un attentat du maquis FTP de Barneville en août 1943 ou à la tentative du maquis Surcouf à Pont-Audemer en juillet 1944. Il est même blessé deux fois lors d'expéditions dont celle de juin 1944 : ainsi le dimanche 4, Alie était gravement blessé au poumon alors qu'il venait arrêter un réfractaire à la Vieux Rue de Rouen. Soigné, le policier reprenait sa traque quelques semaines plus tard. Arrêté après la libération de Rouen, Alie était condamné à mort par la Cour de justice et fusillé le 27 novembre 1944.

Un premier cas, sans doute le premier en Normandie, est relaté par Gontran Pailhès pour l'année 1941. Un débitant rouennais était également interprète à la *Feldgendarmerie*. Le 18 décembre 1941, il était abattu alors qu'il sortait d'un café. Il avait été clandestinement condamné à mort par « un tribunal des patriotes ». Lors des rafles du 25 octobre, il avait frappé des Rouennais arrêtés ; il était également accusé de dénonciations.

Yvette Ricou

Dans son édition du 27 janvier 1943, *Le Journal de Rouen* titrait : « *Deux terroristes blessent grièvement la femme d'un pharmacien de Grand-Quevilly. On pense qu'il s'agit d'une vengeance communiste.* » Alors que son mari devisait avec une cliente, un homme entrait par la porte de la pharmacie et tirait deux balles de revolver sur Yvette Ricou. Gravement blessée au bas-ventre, elle était transportée dans une clinique rouennaise. Institutrice, elle avait signalé à la police qu'une jeune femme distribuait des tracts contre la relève à la sortie de l'école. La jeune femme avait été arrêtée et condamnée à huit ans de réclusion.

Robert Sujet

Dans la soirée du 21 juillet, ce médecin, chargé des visites médicales à l'Office de placement allemand du Havre, était victime d'un attentat : un cycliste tirait sur lui quatre coups de feu et prenait la fuite. Transporté à l'hôpital Mazeline, Robert Sujet était opéré et les projectiles extraits ; ses jours n'étaient pas en danger, mais trois balles lui avaient fracassé le bras droit.

Bernard Papin

Membre des Jeunesses Populaires Françaises, accompagné d'un ami, Bernard Papin revenait de la permanence de ce mouvement à Elbeuf et rentrait à son domicile à pied quand deux jeunes gens venaient à leur rencontre ; l'un d'eux tirait à bout portant une balle de revolver sur Bernard Papin. Malgré sa blessure, Papin réussissait à désarmer son agresseur qui prenait la fuite. Gravement blessé, Papin était transporté à l'hôpital. *Le Journal de Rouen* dénonçait ce lâche attentat commis par un auteur « *dont les antécédents extrémistes sont connus.* »

Raymond Bernard

Garde particulier chez M. de Bois-Hébert à Ry, mais également propriétaire d'un débit de boissons, Raymond Bernard était trouvé assassiné le 9 octobre 1943 dans un bois : il avait été tué de quatre balles. Quelques jours avant son exécution, il avait reçu des lettres de menace.

Les attaques ne visaient pas seulement les collaborateurs des Allemands ou certains supposés collaborateurs, mais aussi parfois des agents de police chargés de la protection de locaux. Dans la nuit du 27 octobre 1943, deux agents chargés de garder le siège rouennais de la LVF et le central téléphonique allemand étaient violemment attaqués à coups de matraques. Ils réussissaient cependant à se dégager en tirant sur leurs agresseurs. Des rondes étaient aussitôt organisées et cinq jeunes gens étaient appréhendés.

Émile Coffany

Ce délégué local de la LVF à Elbeuf se rendait à son travail vers 8 h 00 du matin, le 12 novembre 1943, quand il fut rejoint par deux cyclistes qui tiraient sur lui plusieurs coups de feu. Émile Coffany était atteint de deux balles. Un jeune homme, qui se trouvait à proximité, était touché par ricochet par une balle. *Le Journal de Rouen* soulignait: «*Leur lâche attentat accompli, les deux cyclistes poursuivirent leur route.*» Les deux victimes étaient transportées à l'hôpital: les blessures d'Émile Coffany n'étaient que superficielles; il pouvait rejoindre son domicile dans l'après-midi.

Henri Martine

Le 16 décembre 1943, Henri Martine, conseiller juridique, effectuait une promenade avec son chien vers 8 h 00, comme il le faisait chaque matin. Arrivé rue du Panneret à Rouen, il était atteint de plusieurs coups de feu tirés par un cycliste qui se révélait être un résistant FTP, connu sous le pseudonyme de Jacques le Lorrain. Gravement blessé, Martine était transporté à son domicile avant d'être transféré vers une clinique où il succombait après avoir eu le temps de parler à l'inspecteur Alie. Henri Martine avait reçu un petit cercueil et des lettres de menaces quelques jours avant. Des résistants réussissaient à pénétrer dans son domicile et à récupérer une liste de résistants ; des papiers compromettants étaient également brûlés.

Jacques Lusse

Surveillant de travaux, Jacques Lusse sortait de dîner de l'hôtel du Lion d'Or, le 5 juillet 1944, sur la route de Neufchâtel, sa bicyclette à la main. Á la sortie de la ville d'Eu, il entendait deux individus vêtus en ouvriers arriver derrière lui et l'un deux l'interpellait en ces termes : « *Tiens on a une lettre pour toi.* » Alors qu'il commençait à lire la lettre, l'un des deux hommes lui tirait une balle derrière l'oreille. Blessé, il rejoignait une ferme avant d'être transporté à l'hôpital.

Époux Rametz

Officier de réserve et chevalier de la Légion d'honneur, M. Rametz était découvert assassiné dans sa chambre à Dancourt ; près de lui gisait son épouse. Tous deux avaient été tués, lui de quatre balles de revolver dans la nuque et elle de trois balles. *Le Journal de Rouen* concluait : « *On croit se trouver devant un crime terroriste et le parquet de Neufchâtel s'est rendu sur les lieux.* »

Les dernières exécutions

Le 19 août 1944, Lucien Casson, milicien et auxiliaire du *Sipo-SD* de Rouen, était exécuté par quatre résistants dans la forêt des Essarts, près de Rouen. Quelques jours plus tard, le 30 août, jour de la libération de Rouen, Pierre Humbert, membre du PPF appartenant à un bataillon de génie constitué à Rouen par les Allemands et agent de renseignement du *Sipo-SD*, était exécuté par un résistant. Alors qu'il venait l'arrêter, Humbert se montrait menaçant. Élie Chalmeton pointait son fusil et tuait Humbert d'une balle dans la tête. L'affaire était classée mais, huit mois plus tard, elle était rouverte : Chalmeton était arrêté. Déféré devant la Cour de justice de Rouen, il était acquitté. Il était ensuite renvoyé devant la Cour d'assises de Rouen où il expliquait qu'Humbert avait eu un geste menaçant à son égard. Des témoins, mais aussi André Prieur, agent français du *Sipo-SD*, confirmaient qu'Humbert était toujours armé. L'avocat général prononçait un réquisitoire modéré, ce qui amenait la Cour d'assises à acquitter Chalmeton et à débouter la partie civile de sa demande de dommages-intérêts.

Ce même 30 août, Fischer, autre auxiliaire du SD de Rouen, était exécuté lors de son transfert au commissariat de police de deux balles dans le ventre alors qu'il venait d'être passé à tabac par un de ceux qu'il avait arrêté. Secrétaire de police du commissariat du 3e arrondissement de Rouen, l'Alsacien Reich était abattu le 30 août devant la mairie de Bois-Guillaume par deux inspecteurs de police alors qu'il tentait de s'enfuir.

Conclusion

Étalée sur trois années, de 1943 à 1946, l'épuration dite sauvage a fait une petite centaine de victimes en Normandie dont la moitié dans le département de l'Eure. Suivent le Calvados avec 26 victimes, l'Orne 16, la Seine-Maritime 14 et la Manche 3. Comme le souligne l'historien Fabrice Virgili, «*notre meilleure connaissance du phénomène fait apparaître une épuration qui ne fut pas le bain de sang décrié par certains et fut sans commune mesure avec les victimes de la répression menée par les forces allemands et leurs supplétifs français.*» Selon une enquête de l'Institut d'Histoire du Temps Présent réalisée sur 84 départements, ce sont près de 9 000 exécutions sommaires qui ont été commises dans la même période. Il n'entrait pas dans cet ouvrage d'être exhaustif, mais d'exposer un certain nombre de cas. Il est encore difficile d'être complet dans la mesure où certaines exécutions sommaires ont été cachées et transformées en simples faits divers, les enquêteurs contemporains préférant cette solution. Cette petite centaine est à confronter avec l'épuration légale réalisée entre 1944 et 1947 : 39 ont été fusillés après avoir été condamnés à mort par une cour de justice. Quelques-unes des victimes, à l'exemple de Lucien Brière ou de Jean Laronche n'auraient pas échappé à l'épuration légale, mais ce furent seulement quelques-unes.

Le commentaire de Fabrice Virgili nous incite à utiliser avec les historiens contemporains l'expression épuration extra-judiciaire au lieu d'épuration sauvage. Alors qu'une épuration judiciaire avait commencé en Algérie en 1943 – avec notamment le procès et l'exécution de l'ancien ministre de l'Intérieur Pierre Pucheu le 20 mars 1943 –, certains résistants de France ne pouvaient attendre la restauration de la République et commençaient à éliminer des collaborateurs qu'ils jugeaient dangereux pour la Résistance. Les collaborateurs étaient prévenus qu'une épuration allait se produire. Ainsi *Le Journal de Rouen,* dans son édition du 1er janvier 1943, titrait un article : «*L'épuration se précipite en Afrique du Nord – 4 généraux, 5 colonels et 70 officiers sont arrêtés.*» Dès qu'une partie du territoire français français était libérée, les gouvernants provisoires mettaient en place des structures judiciaires légales : une cour martiale militaire jugeait à Bayeux dès le mois d'août 1944. Rouen libérée, *Le Journal de Rouen* des frères collaborateurs Lafond laissait la place à *Normandie* qui, dans son édition du 3 septembre 1944, demandait : «*Que Justice soit faite*»

Par l'ordonnance du 26 juin 1944, le Gouvernement Provisoire de la République Française instituait des juridictions rattachées aux Cours d'appel, les cours de justice et les chambres civiques. Ces juridictions étaient les seules habilitées à s'occuper de l'épuration ; en Normandie, elles commençaient à juger et à condamner en octobre 1944 : par exemple l'inspecteur de police rouennais Louis Alie, arrêté en septembre 1944, était jugé en décembre et fusillé dans la foulée. La justice d'épuration était mise en place relativement rapidement, mais aux yeux de certains résistants ce n'était pas assez rapide. Ils prenaient la décision d'appliquer le châtiment eux-mêmes. L'exécution était très souvent bien préparée et réalisée rapidement.

Décidée hors de tout cadre légal ou parfois après un simulacre de jugement, l'épuration extra-judiciaire s'exerçait rapidement et avec violence, prenant un aspect exutoire à l'exemple de la tonte des femmes. On constatait une vraie impatience à châtier les traîtres, les dénonciateurs et les collaborateurs. Cette impatience pouvait entraîner une erreur comme dans le cas d'Émile Bellanger. Quelques massacres aboutirent à l'anéantissement de famille : pas de quartier ! Les enfants, victimes innocentes, étaient également éliminés. Mais la grande majorité de celles et de ceux qui ont été exécutés étaient très engagés dans la collaboration avec les occupants allemands.

Dans la frénésie de la Libération, certaines femmes devenaient des proies faciles et subissaient une tonte de leurs cheveux de la part de pseudo résistants en mal de notoriété ou désireux de se montrer plus résistants que les résistants !

En Normandie, l'épuration dite sauvage fut relativement modérée, le souhait des nouveaux gouvernants français étant d'éviter à tout prix une guerre civile entre les Français.

Lexique

Abwehr : Service de renseignement de l'armée allemande.
BCRA : Bureau Central de Renseignement et d'Action.
BOA : Bureau des Opérations Aériennes.
COSI : Comité Ouvrier de Secours Immédiat.
FFI : Forces Françaises de l'Intérieur.
FN : Front National
FRN : Front Révolutionnaire National.
FTP : Francs-Tireurs et Partisans.
LVF : Légion des Volontaires Français contre le bolchevisme.
MSR : Mouvement Social Révolutionnaire.
OCM : Organisation Civile et Militaire.
PPF : Parti Populaire Français.
RNP : Rassemblement National Populaire.
STO : Service du Travail Obligatoire.

Sources et Bibliographie

Archives nationales, Service régional de sûreté de Rouen, F7 16287, Dossier Tessier.
Archives départementales du Calvados M11938, 991W79 423/B (dossier Quicray), 990W/2 183 (dossier Gaudence), 990W/38 1978 (dossiers Thuillier et Carpentier).
Archives départementales de l'Orne, 2W15.
L'Avenir de Trouville-Deauville, septembre 1943.
L'Éveil de Lisieux, 21 février 1991.
Le Journal de l'Orne, 1943-1944.
Journal de Rouen 1941-1944, puis *Normandie* 1944-1946. AD Seine-Maritime.
Liberté, 1944-1945.
Ouest-Éclair, éditions de Caen et de Rennes, 1943-1944.
Ouest-France, 1945.
Témoignages de Paulette Héron (08 août 2018) et Marcel Oblin (1er juin 1991).

Henri AMOUROUX, *Les Règlements de compte Septembre 1944-Janvier 1945*, Tome 9 de *La Grande histoire des Français sous l'occupation*, Éditions Robert Laffont 1991.
Marcel BAUDOT, *L'Opinion publique sous l'Occupation*, Presses Universitaires de France 1960.
Marcel BAUDOT, *Les FFI de l'Eure dans la bataille de Normandie*, Revue d'Histoire de la Deuxième Guerre mondiale n°35 Juillet 1959, pp. 49-66.
Michel BOIVIN, *La Collaboration dans la Manche,* Éditions Eurocibles 2013.
Michel BOIVIN, *L'Épuration dans la Manche*, Éditions Eurocibles 2014.
Gérard BOURDIN, *De la collaboration à l'affaire Bernard Jardin (Orne 1940-1946) La résistance face à la répression, Tome 2 : Jardin, les tragédies de 1944, l'épuration*, Le Pays Bas-Normand N° 245 2002.
Philippe BOURDREL, *L'Épuration sauvage 1944-1945*, Éditions Perrin 1991.
Alain BROSSAT, *Les tondues. Un carnaval moche*, Éditions Manya 1993.
Mary COUSIN, *Ma terre natale, Le destin fabuleux de personnages peu ou méconnus originaires de Carrouges*, Éditions Edilivre 2014.
Gérard FOURNIER, *Si près de la liberté*, Éditions OREP 2007.
Benjamin MASSIEU, *Les Gendarmes dans la bataille de Normandie*, Service de diffusion de la gendarmerie 2014.
Yves LECOUTURIER, *La Collaboration dans le Calvados*, Éditions Horvath 1988.
Yves LECOUTURIER, *1944, l'épuration en Normandie*, Éditions Ouest-France 2011.
Yves LECOUTURIER, *Bernard Jardin Gestapiste normand*, Éditions Heimdal 2019.
Stéphane LEMERCIER, *La Police en Normandie sous l'Occupation*, auto-édité 1997.
Thierry LEPRÉVOST, *L'Affaire Brière, Le Résistance exécute un des chefs de la Gestapo*, Éditions Heimdal 1990.
Henri LEVAVASSEUR, *Les Mystères de Caen 1940-1944*, Imprimerie Régionale, Caen 1946.
André MAZELINE, *Clandestinité, La Résistance dans le département de l'Orne*, La Ferté Macé 1947.
Jean-François MINIAC, *Les Grandes affaires criminelles de l'Orne*, Éditions de Borée 2008.
Jean-François MINIAC, *Mauvais témoins, Affaire Émile Buffon, Joué-du-Plain, 16 juin 1944*, Patrimoine Normand n°82, été 2012, p 40-45.

Peter NOVICK, *L'Épuration française 1944-1949*, Éditions Balland 1985.
Gontran PAILHÈS, *Rouen et sa région pendant la guerre 1939-1945*, Éditions Defontaine 1948.
Julien PAPP, *La Résistance dans l'Eure*, Éditions du Sapin d'Or 1988.
Julien PAPP, *La Collaboration dans l'Eure*, Éditions Tirésias Michel Reynaud 1993.
Pierre PÉAN, *L'Homme de l'ombre*, Éditions Fayard 1990.
Jean QUELLIEN et Jacques VICO, *Massacres nazis en Normandie*, Éditions Corlet 1992.
Jean QUELLIEN, *Opinions et comportements politiques dans le Calvados sous l'occupation allemande*, Presses Universitaires de Caen, 2001.
Jean QUELLIEN, *Le Calvados dans la guerre 1939-1945*, Éditions OREP 2017.
Ghislain QUETEL, *Résistance et Libération en Pays d'Auge*, Éditions Les Cahiers du Temps 2017.
Ghislain QUETEL, *Robert Générat, contrôleur de la Poste à Deauville et Trouville Résistant OCM en 1940 et Centurie-Caen en 1942 Cartographe de la Côte fleurie*, La Dépêche n°66 Mai 2020.
François ROUQUET et Fabrice VIRGILI, *Les Françaises, les Français et l'Épuration*, Folio Inédit Histoire, 2018.
Henry ROUSSO et Eric CONAN, *Vichy, un passé qui ne passe pas*, Éditions Fayard 1994.
Raymond RUFFIN, *Les Lucioles de la nuit*, Éditions Presses de la Cité 1976.
Raymond RUFFIN, *Le Maquis Surcouf en Normandie*, Éditions Bertout 1999.
Renaud de ROCHEBRUNE et Jean-Claude HAZERA, *Les Patrons sous l'Occupation*, Éditions Odile Jacob 1995.
Stéphane ROBINE, *Quatre années de lutte clandestine : les Résistants du Bocage ornais*, Le Pays Bas-Normand T2 2004 et n° 3 et 4 2005.
Frédéric TURPIN, *Jacques Foccart dans l'ombre du pouvoir*, Éditions Fayard 1990.

Mes remerciements à Joël Coignard, Christian Langeois, Loïc Lemarchand et aux agents des archives départementales, ainsi qu'à Hélène Martin pour sa relecture attentive.

Les Repérés

(Sur l'air d'*Auprès de ma blonde.*)
Cité par Michel Boivin,
La Collaboration dans la Manche pp.141-142.

Refrain
Après cette guerre
Soyez-en bien assurés
Après cette guerre
Tout devra s'payer.

I
Le vieux C…. eut tort
Grand tort de dénoncer
À ces Messieurs bottés
Un Français décidé
Il paiera le prix fort
Ce sera mérité.

II
Madame C… revêche
S'est pourtant amadouée
À la *Kommandantur*
Aux gens à croix gammée
Il faut qu'elle se dépêche
D'aller vous dénoncer.

III
La fille M…. est bête
À ces messieurs casqués
Elle donnerait not'tête
Dans l'espoir d'être aimée
Aimée ne vous déplaise
D'un aryen bien planté.

IV
Joseph et Casque d'or
Se sont bien amusés
Ducéens prenez garde
Ils vous feraient pincer
Çà peut durer encore
Il faut vous en méfier.

V
Monsieur D… c'est clair
Ne peut qu'les admirer
Il est parti en guerre
Et fut l'premier rentré
Son opinion est faite
Vive les étrangers.

VI
Vous voulez vot'bobine
Sur du papier glacé
Pour être sans reproche
Allez chez O…
Et vous ferez vitrine
Parmi les crânes rasés.

VII
De façon fort civile
Un homme très affairé
Natif de votre ville
Reçut les gens bottés
Il était bien tranquille
Ses fils étaient planqués.

Table des matières

Introduction p.5
1. Les femmes tondues p.9
2. Le Calvados p.19
3. Le département de l'Eure p.45
4. Une épuration sauvage discrète
dans la Manche p.61
5. L'Orne p.65
6. La Seine-Maritime p.83
Conclusion p.89
Lexique p.92
Sources et bibliographie p.92
Les Repérés p.95

Maquette et mise en page : Paul Gros / paulvgros@gmail.com

Achevé d'imprimer en février 2021 par Jelgavas Tipogrāfija (Lettonie) pour le compte des Éditions Heimdal à Saint-Martin-des-Entrées / Normandie (France), Georges Bernage, éditeur. Dépôt légal premier trimestre 2021.